現代の生活と社会学
―― 消費する身体と時間 ――

杉座 秀親 著

学文社

はじめに

　毎日の生活のなかで私と出会う人は，特定の時間や場所そして場面のありようのなかにいる．時々こみ入った関係にまきこまれて，それをどのように整理できるのだろうか，と考えあぐねることがある．もちろん自分なりの整理の方法をもっている人もいるだろう．ただ「自分なりに」の整理方法にだけこだわることはいいとしても，独りよがりという落とし穴に気をつけなければならない．激しい変化にさらされ錯綜した時代にある私たちのだれもが，しばしばそのような状況を避けてとおることのできない経験をしている．現代ほど私のなかに他者を住まわせることが難しい時代はないからである．それが毎年，数多くの社会学の概説書や入門書の刊行にあらわれているのだろう．ささやかではあるが，拙著もその一冊に入れてもらうことになった．

　そのために本書では，「相手に何かを言っている人は，相手に言っていることと同じことを自分自身にも言っている」という，ミード（Mead, George Herbert）の命題に拠ってたつこととした．この命題は人との「関係」が二重に成り立っていることを教えている．一つは私と相手との関係である．友人や家族，職場などの集団に具体的に生活している人である．そしてもう一つは私と私のなかの相手，すなわち社会からみた，もう一人の私との関係である．私と相手との関係は，ときには適応ないしは同調としてあらわれるし，競争や闘争という場面にもぶつかることがある．その経験を自分になげかけ，自分のなかでもう一人の私との対話をくりかえす．このような二重の関係なくして，「私」はうまれないのである．ミードは，自我のこうした反省的性質に注目した．本書では，「私」のなかに二つの焦点を設定するこの枠組みを借りることにした．

　ところで本書のサブタイトルを，「消費する身体と時間」とした．消費とは，

人々がさまざまな財やサービスを上手に使ったり，使って減らしてしまったりすることである．消費は生産を待たなければ始まらないけれども，生産の目的は本来的に消費のためにある．たとえば健康を維持するために，「身体に投資をする」という．それは，食料や運動という健康をつくる商品を買うことである．健康への投資とは，病気に強い身体をつくることである．身体への投資に限らず，投資は広い意味で消費を拡大することおなじなのある．したがって健康への投資は，身体の感性と欲望を充足させる消費活動といえるだろう．このように身体は生産過程，交換過程（商品と貨幣），消費過程のそれぞれの制度の循環のなかにはめ込まれている．生命の生産とは，身体を消費し続けることなのである．このように私的所有そのもののようにみえる身体は，社会過程のなかで，消費しながら他者に認知させてしまわざるを得ない性質をもった存在である．しかも消費が高度化するにつれて，身体をとりまく消費の制度は複雑に変化し，それとともに社会関係としての身体のありようも変わっているのである．

　第二に，身体は社会過程のなかで，絶えず総体的に生産され，消費（再生産）されているということである．社会過程とは，身体をもった私が他者とダイナミックに過ごす時間のことである．身体が社会的であったように，時間もまた社会的なのである．私の自由時間は，確かに私が自由に消費できる時間である．しかし私の自由時間は，私だけの固有の時間ではないからである．もし固有の時間であったとしたら，私は他者と関係なく，まったく別の世界を生きていくであろう．時間が社会的であるということは，自然時間を時計で24時間に分節化し，社会的時間に象徴化したからである．私の自由時間はそうして象徴化された時間の流れのなかに，人とちがった工夫を加えた時間にすぎないのである．したがって日常のことばにひきつけるならば，時間が流れるとともに身体も変化する．しかも他者と関係しながら変化する．時間のほうから見ても同じことであろう．そしてこの変化は終生続くのである．

　私たちが生きていくということは，他者と関係しあうなかで身体を消費し，

手持ちの社会的時間を消費するということにほかならない．加齢すなわち「歳（とし）を取っていく」というありふれた事実は，身体と時間が消費のなかに包まれていることに他ならない．

　そこで本書の章立ては，まず社会化と社会的逸脱を，身体に近づけながら論をすすめようとした．そして転換点として消費と情報をはさんで，家族や病気，スポーツ，自由時間が，消費と情報の深化によってどのように変容したかについてふれている．さらに情報がますます有力になりつつある社会において，これまでの社会福祉とともに地域福祉が注目されている．地域福祉は，個別消費をこえて集合的消費という性格をより強める傾向にある．サブタイトルには，以上のような意味を含ませたつもりである．

　末尾ながら，本書の完成にいたるまで，さまざまな人たちからご支援をいただいた．ここでは個々人の名前をあげないが，感謝の気持ちにかわりはない．なかでも遅筆の私を辛抱強く待って本書の刊行にこぎつけてくださった学文社の田中千津子社長には，ただ深謝申し上げるしかない．

2000年4月

杉　座　秀　親

目 次

はじめに

第1章　社会学をはじめる ——————————————— 1
　1．社会をみている私 ————————————————— 1
　2．「あたりまえのこととしないこと」———————————— 3
　3．「役割」で社会を読む —————————————— 5
　4．消費する身体と消費する時間 ——————————— 11

第2章　社会化 ——————————————————— 17
　1．社会化 ————————————————————— 17
　　(1)「私」という同一性　　17
　　(2) 身ぶりとコミュニケーション　　21
　　(3) 反省と役割取得　　24
　　(4) 心のなかのドラマと日常生活のドラマ　　27

　2．自己と職業的社会化 ——————————————— 31
　　(1) 産業分類と職業分類　　31
　　(2) 職業的社会化　　33
　　(3) 企業と集団主義の文化　　35
　　(4) 雇用システムの変化　　37

　3．社会化からライフコースへ ————————————— 38

第3章　社会的逸脱 ────────── 40

1．社会統制と規範 ────────── 40
　　(1) 「平均的」ということ　40
　　(2) 社会統制と規範　41

2．逸脱と無規範（アノミー） ────────── 43
　　(1) 逸　脱　43
　　(2) アノミー　45
　　(3) アノミーの類型論　48

3．ラベリング理論 ────────── 52
　　(1) ラベリング　52
　　(2) ラベリングのプロセス　55
　　(3) スティグマ　58
　　(4) よそ者 stranger　60

第4章　消費と情報化 ────────── 64

1．消費ということ ────────── 64
　　(1) 消費と消費者　64
　　(2) 『ミドゥルタウン』と消費者の世界　65
　　(3) 消費の儀礼性　66

2．消費社会論をたどる ────────── 67
　　(1) 誇示的消費　67
　　(2) 他人志向型と標準的パッケージ　69
　　(3) 生産者主権と依存効果説　71

3．ポスト工業化社会と情報化 ────────── 73
　　(1) ポスト工業化社会　73
　　(2) 電子メディア　75

        (3) 擬似イベントとイメージの世界　78
        (4) 文化産業批判　81
        (5) 消費の論理　82

　4．消費社会のゆくえ ──────────────────── 87

第5章　現代家族のゆくえ ────────────────── 89
　1．恋愛と結婚 ──────────────────────── 89
        (1) 恋愛結婚　89
        (2) 恋愛の規範性　91
        (3) 恋愛と結婚　92

　2．核家族と家族機能 ─────────────────── 94
        (1) 核家族・夫婦家族・家　94
        (2) 家族機能の外部化と「私化」　97
        (3) 現代家族とジェンダー　100

　3．家族変動 ─────────────────────── 106
        (1) 成人のライフコースの変容　106
        (2) 離　婚　108

第6章　社会的身体・健康・スポーツ ──────────── 113
　1．社会的身体 ────────────────────── 113
        (1) 鏡に映る自分　113
        (2) 精神と身体　113
        (3) 身体技法と社会的身体　114
        (4) 習慣と象徴的資本　116

　2．身体の秩序 ────────────────────── 117
        (1) 権力の方法とその広がり　117

　　　　(2) パノプティコン　　118
　　　　(3) 規律と訓練の結果　　119
　3．健康と病気 ────────────────────── 120
　　　　(1) 健康と病気の意味　　120
　　　　(2) 客観的身体と健康の誕生　　121
　　　　(3) 逸脱としての病気　　122

　4．健康の象徴としてのスポーツ ──────────── 125
　　　　(1) 健康とスポーツ　　125
　　　　(2) スポーツの身体　　131
　　　　(3) 産業社会の身体文化としてのスポーツ　　133

第7章　社会的時間とレジャー ───────────────── 136
　1．ライフ・サイクル ──────────────────── 136
　　　　(1) 年　齢　　136
　　　　(2) ライフキャリアとライフサイクル　　136

　2．社会的時間のなかのレジャー ─────────────── 138
　　　　(1) 産業社会の時間　　138
　　　　(2) 労働時間　　141
　　　　(3) 自由時間の変容　　142

　3．ライフスタイルとレジャー ──────────────── 144
　　　　(1) 生活時間とライフスタイル　　144
　　　　(2) 余暇行動の性質　　145
　　　　(3) 余暇歴　　147

　4．ライフサイクルとレジャー ──────────────── 149
　　　　(1) 子ども期のレジャー　　149
　　　　(2) 青年期のレジャー　　153

(3) 成人期と中年期のレジャー　　156
　　　(5) 老年期のレジャー　　159
　5．生活文化のなかのレジャー ———————————————— 160
　　　(1) 生活文化　　160
　　　(2) 生活者と自由時間　　161

第8章　地域社会と地域福祉 ———————————————————— 164
　1．地域社会の変容と社会福祉 ———————————————— 164
　　　(1) 都市化と家郷の解体の現在　　164
　　　(2) 核家族化と介護　　166
　　　(3) コミュニティ再考　　167
　　　(4) 社会福祉から地域福祉へ　　169
　　　(5) ニーズかサービスか　　172

　2．地域福祉をささえる思想 —————————————————— 172
　　　(1) コミュニティ・ケア　　172
　　　(2) 互酬性　　173
　　　(3) ボランティアとネットワーク　　175

　3．地域福祉をささえる方法 —————————————————— 180
　　　(1) 在宅福祉サービス　　180
　　　(2) 地方分権と福祉コミュニティ　　184

索　引 ————————————————————————————————— 187

第1章　社会学をはじめる

1. 社会をみている私

　私たちはそれぞれ，社会の一員であると確信している．ところが「社会を説明して下さい」といわれると，とたんに社会はみえなくなる．それでも家族や仲間，近隣や職場の人たちとのつきあい，そしてさまざまな出来事と出会いながら，毎日がやってきては過ぎていく．私たちはそうした日常生活の出来事を疑うこともなく，あたりまえのこととしてみている．

　しかしまわりを見渡すと，私は同じ言葉をしゃべり，似たような生活をしながらも，他者とはちがう自分の人間関係や移動する範囲をもっている．他者とはちがう「私」とは，生まれてから現在まで生活してきた私が，他者に対してもつ私自身の感情や判断，あるいは推理のことである．立場をかえれば，他者もまた私とおなじように，ここまでたどってきたその人のキャリアをもちながら独自の「私」をつくりだしている．

　それでは，お互いにそれぞれにちがう経歴をもった人たちは，どのようにして合意にたっするのだろうか．そこであなたと私の性格を比べ，そのちがいを認め合うときを想定してみよう．性格のちがいをならべるためには，お互いにわかるような共通の言葉を使わなければならない．言葉は，相手と共通のものであるばかりでなく，私の生まれる前にすでに使われていたのである．このことからわかるように，私がみている世界は，他者とまったくちがった独自の世界ではないのである．自分の経験した世界を絶対視すると，お互いの性格を知ることはできないし，自分のマチガイに気づくこともない．もしもお互いを知りあいたいなら，客観性にもとづいた言葉をお互いに積み上げながら，ちがいを認めあうという次元にたって，モノの見方や感じ方を共有するしかない．なぜなら，疑うこともなく過ごしている生活世界にたいする私の知識がむかう関

心は，まとまりをもった体系ではないからである．いま何がいちばん重要であるかという関心は，私の未来からの呼びかけと，過去の経験に応じて変わる．たとえば余暇の過ごし方ひとつとっても，20代のときと60代になってからでは，相対的に違いがあるだろう．

ところで知識が体系だっていないということは，自分の生活で必要とされるあらゆる知識の確実性を欠いているということである．つまりひとは生活をもれなく理解しようなどとは思っていないのである．だからその人のなかでは一貫性をもった知識であっても，確実性という客観的なフィルターをとおしてみると，まとまりを欠いたまま現実に対応していることがしばしばある．たとえば携帯電話を開発する技術者でもない限り，ふつうそれについての学術的な専門知識は必要でない．使い方のマニュアルブックがあれば，用はたりるのである．また日本語を自在にあつかえると思っても，日本語で書かれた書物をすべて読解できるとは限らないのである．

このように知識が状況に規定され，しかも生活に支障のないレベルでストックされていると，矛盾を生ずる．家庭では厳格な父親が，地域の活動や職場では優しい人とみられる場合などがそれである．厳格さから優しさへの転換には意識の切り換えが求められるのだけれども，おうおうにしてそれには気がつかないのである．

日常生活は，かなりの部分これらのような知識の水準で間に合っている．そしてわれわれはこれをよりどころに，社会を理解しているのである．国際社会からみれば「日本の社会」や「フランスの社会」は社会である．またある時代の社会の特徴をあらわすのに情報化社会，福祉社会，産業社会などというようないいかたもそうである．社会生活という次元では，家族や学校，職場などの集団をさしていうだろう．さらには恋人同士や仲間うちの会話なども社会ということになる．このように社会という言葉は，国際社会から日常の会話までのひろい範囲をさしているのである．それをひっくるめて他者と規定しよう．他者はいま直接会っている具体的な人だけではない．私が会ったこともない，匿名性を

もった人も含んでいるのである．匿名性とはたとえばこの同じ時をフランスの社会で住んでいる人であり，あるいは歴史のかなたで生活をしていた名もない人々である．彼らは私にとって，同時代者 contemporary であるという．

2.「あたりまえのこととしないこと」

　生きていくためには，お金が必要である．このことに疑いを差しはさむ人はいないだろう．所得のある一方を消費にあて，他方をもしもの時のために貯蓄する．もしもの時のための貯蓄とは，病気の治療費であり，子どもの教育費であり，また住宅の取得の費用あるいは老後のための蓄えなどのことである．その貨幣には，貯蓄が多くなれば価値も大きくなる，というはたらきがある．したがって預貯金を追加しつづけ貯蓄額が大きくなると，それにつれて利息も増え，安心も大きくなるのである．
　さて家計の所得のうち，消費は比較的安定している．所得が増えたからといって，一日三度の食事を十度にすることはないだろう．あるいは収納できないくらいの衣服を衝動的に買いつづけるひとも滅多にいないだろう．すると所得が増えつづけると，それにつれて貯蓄も増えていくと仮定できる．ただし，経済成長がつづき，途方もない浪費をしない限りでは，という前提にたつのだが．ところで貯蓄とは，消費財やサービスに所得の一部ないしはすべてを支出することを控えることなのである．銀行や郵便局の通帳に書き込まれた数字だけが貯蓄ではない．家の貯金箱に入っているお金，いまあなたの財布に入っているお金も貯蓄ということになる．お金を使わないと数量もそれにともなう価値も増え続けるので，個人にとって好ましいに違いない．
　しかしここで預貯金に利息がつく仕組みを考えてみたい．企業が新しく機械や原料を買い入れるなどして生産物をつくるとき，資本や労働や土地を利用しなければならないので，お金が必要となる．このお金は私たちの貯蓄から企業が借りるのである．企業はそれをもとに生産物をつくり，借りたお金をより大きくして回収しようとする．これを投資という．したがって私たちの貯蓄と企

業の投資は同じことなのである．土地や株あるいは国債を買うことも投資というが，それ以上に企業が工場や生産設備をつくる設備投資は重要である．なぜなら企業は生産を高めるために他の企業から土地を買い，建物をつくる材料などを買う．お金はそれを売った他の企業へ回収されていく．さて企業は新たな設備投資をしたのでそれを稼動させ，大量のさまざまな製品をつくって売り出し，利潤を得る．この利潤が，私たちの預金の利息となって還ってくるのである．

さてここで，すべての国民が消費を控えて貯蓄にはげむとする．また企業が輸出を控えると仮定しよう．すると生産された製品の売れ行きがはかばかしくなくなる．そうなると企業は生産にかけた支出を，それを売って収入として受け取れなくなる．企業は製品の価格を下げたり，生産量を減らしたりし，従業員の採用をひかえるなど，さまざまな合理化をすすめる．すると，家計の所得の伸びは鈍る．所得が鈍ると，その分貯蓄をくずして生活費に充てなければならない．そうなれば個人の貯蓄はもちろん，国全体の貯蓄量も減少する．設備投資は控えられ，景気は下降する．私たちは消費をきりつめて貯蓄をすればするほど貯蓄が減っていくという，思いもよらない事態に出会う．これは貯蓄のパラドックス paradox of savings といわれている．これを打開する方法が，浪費することにあるのではない．つきつめていくと，貯蓄のパラドックスを避けるには，経済成長の過程をコントロールする方法を探すことであったり，景気の後退を回避したり緩和させることができるかどうかということなど，経済政策の重要な課題であることがわかる．

ここでは貯蓄という私的でありふれた行動から出発して，景気しだいでは貯蓄の減少もありうるという重要な社会問題にたどりつくことがわかった．これは，マクロ経済で論じられる課題である．そのひそみに習うなら，私的なミクロの世界をとおして，マクロな世界のしくみに到達し，そこに社会問題を発見する方法がある．ミルズ（Mills, Charles Wright）は，こうしたミクロの世界と社会問題とのあいだにある密接な関係について，社会学的にみぬく方法を提唱

した．その方法は，社会学的想像力 sociological imagination といわれる．私たちは日常のなかでぶつかる身辺の問題の解決に対して，経験を唯一の方法とすることを禁じなければならない．これを徹底させていくと懐疑的になったり，独我的に陥る危険があるからだ．ミルズは自然科学的方法を社会科学に応用すると，調査モデルをつくることになり，社会調査という経験が抽象的になってしまうと警告する．といって社会は共通の価値を受け入れることによって秩序ができるという，理念的な立場にも反対する．ミルズのいう社会学的想像力とは，「個人の生活史と歴史とが，さまざまな社会構造のなかでどう結びついているかということを理解させようとする試み」なのである．それでは個人と社会が出会う方法を，どのように構想できるのだろうか．

3.「役割」で社会を読む

一日のなかで，私たちは互いにたくさんの人と出会っている．出会う人をいちいち意識したり，数えたりはしない．たいていのばあい，出会う人を個性のないありふれた人としてみている．友人，教師，通りすがりの人，などとしてである．こうして類型化する理由は，「われわれからかけ離れている個性を完全にわれわれのなかに再現することが，われわれには許されていないことによる」ものだからである．今一つは相手に対する心理的「距離と客観性を獲得するためには，同じに存在する不等性が必要に思われるし，また他方では，存在の同等性と不等性の彼岸で自己を維持する知性の能力が必要とされるように思われるからである」，とジンメル（Simmel, Georg）は「社会はいかにして可能であるか」というエッセイで述べている．

二人の関係に限ってみると，まず私と相手の個性はちがうという事実がある．とすれば二人が社会関係をもつためには，相手との個性のちがいを客観的にみとめ，しかもそのちがいを自分に納得させる必要がある．つまり私たちは，相手を個性をもった人としてみていると同時に一般的な類型にしたがってもみていることになる．したがって個性のちがう人同士が社会関係をとりむすぶとき，

どんなに親しい間柄でも，個性と類型化は避けられない．たとえば話している相手がもっとも親しい友人だとする．私は相手を個性をもった一人の友人としてみているだけではなく，友人のなかでも「もっとも親しい友人」すなわち親友という類型化からも離れられない．それは他の友人にはいえないことでも，その人にだけは心を開いても後悔しないと期待できるからこそ，類型化するのである．類型化のメリットは，相手の行動が自分の想定したとおりにおこなわれることを期待できるところにある．もちろん私も相手が期待しているとおりに，行動するであろう．この事例からもわかるようにように，お互いの行動を期待し合うことにより，両者はその期待に拘束されているのである．親しい友人でさえも，こうした認識が欠かせない．まして職業などから類型化すると，いちいち個性を気にすることはない．事務員，栄養士，美容師，長距離自動車の運転手，スポーツのインストラクターなどの社会的位置を占めている人に対する私の見方は，類型化のほうが個性をみるよりもまさっているといえるだろう．私たちは「どんな（性格の）人」であるかよりも「何をしている人（職業）」なのかによって，その人を理解する糸口にしているのである．

このように個人と社会が交差する領域は，社会学の中心的な構成概念のひとつである役割 role として知られている．役割は，特定の地位と社会的な位置を占めている個人の社会的期待を強調する．そしてその期待をわかりやすいように分析するのである．役割は，社会学的な理解をするさいの基礎的な手だてとして，その重要さは変わっていない．ただしジンメルの指摘にあるように，類型化されると個性はかすんで抽象化されてしまい，逆に計算の不可能な個性をみていくと社会学的な分析は成り立ち得ない．

とはいえ私は他者と区別しながら，自分自身を規定しているのである．同時に社会的経験を解釈しながら，自分自身の適性にもとづいて，社会的に位置を占めているのである．役割は，こうした個性と類型化という異なった方向をめざすディレンマをもった概念なのである

社会システムにはめこまれた役割　社会的行動を類型化する方法は，二通り考

えられてきた．一つはリントン（Linton, Ralf）にはじまる文化人類学からみた役割理論である．これは，社会システムの均衡を前提とした場合，それに適合する役割の機能を構造的に説明するのに役立つ．「構造」的とは，社会システム内の異なった要素が互いに秩序だった関係にあることをいう．たとえば家族や政治や経済の制度などをはじめとするさまざまな制度は，規範や価値そして役割を構成要素としてなりたっており，それが一つのシステムをなしているとみるのである．だから役割は規範的な権利と義務として，制度化された文化とみなされる．したがって役割は，行動に対して理念型的にどの程度対応できるかということを記述するための社会学的な分析用具となるのである．この方法で強調できることは，システムがその内部の役割ないし位置を確定していれば，個人を他の個人に代替してもシステムそのものは存続するということである．とりわけ大きな組織のなかでは，組織の活性化をうながしたり個人の事情などによって，メンバーの代替が常態となっている．またシステムのなかで，個人が活動するさいに占めている位置の類型を地位 status という．個人が特定の地位にもとづいて行動することは，システムが課した態度や価値を含んでいることである．それは社会的期待をおび，システムから要請される標準化された行動といえよう．

　ところでシステムからすれば，一つの地位に対して一つの役割が対応している．しかし現実には，たとえば一人の女性が母親であり，教師であり，ママさんバレーのキャプテンだったりするように，人はつねにいくつかの地位を占めている（**地位セット**）．地位はそこから出港していくさまざまな役割をつなぎとめている港のようである．母親という役割は子どもに対してだけではなく，夫に対しての妻，夫の家族に対しての嫁，また自分の姉に対しての妹などそれぞれに応じて一連の役割を含んでいる（**役割セット**）．この一連の役割は，集団の規範との関係において，それぞれにどのようにふるまうべきかについて様式化されており，これを守るように期待されている（**役割期待**）．ただし規範は理念的であるから，役割を演じるとき，しばしば役割期待と実際の行為に不

一致をおこすことがある．そんなとき規範を処理しがたいと感じることがあったり（**役割葛藤**），時間や場所の限定および役割内容の曖昧さが役割遂行を困難にしたり，それによってストレスを感じさせることがある（**役割緊張**）．システム論からみた役割は，規範的パターンをとおして社会組織の見取り図を作成するための発見装置となる．ただその一方で，この理論は，社会が均衡状態にあると決めてしまう傾向にある．そのあまり，抽象的な観念である社会システムがあたかも存在するようにみなされ，そのために規範的な期待を簡単にシステムに適用してしまおうとしているように思われる．ダーレンドルフ（Daharendolf, Ralf）は，システム論からみた役割をさらに詳しく論じた．そうしながらも役割は社会によってすでに個人の行動の回路を設定してあるものなのか，あるいは個人のものであると同時に社会のものなのか，という問いへの回答は見いだされないままなのである．役割葛藤はたんなる個人的な不適応現象からくるのではなく，矛盾した期待の処理方法にかかわるものである．ともあれ役割は，個人を社会に結びつける回路であると同時に，個人を社会の内部に位置づける．

　象徴的相互作用とドラマトゥルギーからみた役割　もう一つの役割理論は，社会心理学からの役割のとらえ方である．役割理論に対するこの考え方は，役割を前もって社会構造のなかに位置づけられているものと説明するシステム論とは対照的である．相互作用をとおして人々が役割を演じるようになるというところによってたっている．したがって焦点は役割を構成し，取得し，さらに演じるという役割の行動の過程にあてられる．一つはミードの「他者の役割を取得する」role-taking をもって始まりとする象徴的相互作用主義である．この説が強調していることは，意味と精神は相互作用をとおして発生し，言語によって具象化するということである．人は言語を使用することによって，自分の経験する社会を自分に向けさせることができる．経験を客体化できるという反省的能力は，自我の形成や発達に不可欠である．象徴的相互作用主義は，子どもの社会化やパーソナリティの形成を解明するさいに，原理的な考え方を提供してく

れる．

　人は相互作用をとおして，このように役割取得をしながら，自分にふさわしい役割を構成し（**役割構成**），他者の役割を他者自身がどう演じるかを予想できる．そしてたとえ望んでいなくても状況しだいでは，特定の役割を演じなければならないこともある（**役割演技**）．これをもとにして，さらに役割をダイナミックにとらえる方法が，日常生活を演劇と劇場にたとえて解読するドラマトゥルギーである．ゴフマン（Goffman, Erving）はレストランという劇場で，演技するウェイターの例でこれを説明している．ウェイターが客に接しているときは，礼儀正しく，ぎこちないけれどもていねいである．彼はおそらく長く務めているウェイターの洗練された接客行動を手本にし（**役割モデル**），できるだけそれに近づこうと努力したのかもしれない．接客が滞りなく終わるとある種の快感をおぼえるであろう．一通りの行動をおぼえてしまえば，客に失礼があっても身についた型に返って混乱した感情を整理できるだろう．いずれにしても彼は客というまなざしにさらされながら，食堂のウェイターとして期待されている役割をこなしてみせたのである（**役割遂行**）．しかし食堂から厨房に戻ってくる途中に，二つの空間を隔てているドアがある．ドアを押して食堂から厨房にもどってくると，そこは舞台裏である．彼は自分を抑えて演じていた接客の行動から解放され，気を張って演技をしていた自分を緩める．ついさっきまで丁重に接していた客の会話や服装の趣味，食事のテーブル・マナーなどがおぼつかないことなどに対して，軽くさげすんだみかたをするかもしれない．

　このように日常生活という劇場としてみたとき，舞台にいる私は見せかけで，舞台裏にいる私は本当の私であるという区別はできない．むしろ，そのどちらも私そのものなのである．なぜなら食堂は彼の演技が評価される見せかけの境界 front regions までを意味し，厨房は客の演技を評価しながら気をぬいている彼の境界 back regions までを意味しているからである．こうして，職場のメンバーとして働いている状況からわかるように，私を演出するには，共同の

関係が欠かせないのである．劇場で演技するためには，まずそれを鑑賞する観客がいなければならない．組織のなかでは鑑賞させる力に相当するのは適性であり，適切な態度で職業におうじたサービスに関する話し方などになる．

また演者と観客はつねに入れ替わる．だから「ドアは語る」のである．ドアは食堂という限られた場と，厨房から建物の外へひろがる無限の空間を結びつける．ドアという境界は，こうして限られた空間と限りない空間の交流を可能にする．ドアを境に食堂へ出ていく時と厨房へ入ってくる時とでは，客のまなざしを意識するかしないかという意図に拘束されるからである．日常交わされる挨拶，化粧はもちろんのこと，自宅でとる食事の作法や親子のあいだの会話ですら，多くの第三者（**観客**）を意識した行動となっているのである．

だからウェイターは，接客のさいに自分にしかできないような接し方をうけいれ（**役割受容**），他人からみればささいなことでもそれを最後まで役割のなかで演じつづけることがあるかもしれない．またジョークをいいながらおどけた自分を演出し，必要以上に客と親しくなったふりをするかもしれない．これらの行動は，客と職業としての演ずるべき接客の役割から，心理的に距離を置いていることに変わりはない．相手からみて，この距離が役割からはなれて効果を発揮することがある（**役割距離**）．また等身大を超えた演技をしたり，置かれた状況をさらに効果的に演出するため，客をぞんざいに扱って客の気を引こうとしたりしてみせることさえあるだろう（**印象操作**）．

以上のことから，役割は前もって与えられた役割期待へ適合するだけではない．むしろ人が気にとめるあらゆるものには意味があり，その意味は他者とともに社会的相互作用からみちびかれ，発生 emergence するのである．こうして発生した意味は個人の解釈の過程によって扱われたり，修正されたりする．

役割を象徴的相互作用論の立場からみると，社会システム論からみた役割理論と一致した構成概念ではないことがあきらかになった．ともあれ劇場のメタファーで社会を分析するという発想は，ギリシャ悲劇やシェイクスピアの言葉（「全世界は，一つの舞台である」）にあるように，とりたてて新しいものでは

ない．この発想が，なぜゴフマンらの社会学理論にふたたびよみがえったか，その背景に目をやる必要があるだろう．

4. 消費する身体と消費する時間

　役割は，私と社会の結節点であった．そこでマクロの視点からみた役割と，ミクロの世界の役割を紹介した理由を，経済成長にともなう都市の変貌にからめて述べていこう．

　長期間にわたる経済の量的な拡大を経済成長という．それを世界的にみて成長率が相対的に高い場合を高度経済成長という．日本では1957年あたりから1973年がその時期に当たる．高度経済成長は消費をも，高度消費時代へ移行させる．1920年代のアメリカがそのはしりであり，戦後が第二の時期にあたる．高度経済成長は，工業化，都市化，大量の労働力の移動を現出させ，地域を大きく変える．こうした背景から都市コミュニティの研究がさかんになった．その代表的な例がワース（Wirth, Louis）の都市的生活様式 urbanism である．それによれば，大量の人口規模と密度の高さをもった異質な個人の集落が都市の条件となる．都市的生活様式は，貨幣経済の全面的展開による伝統的な文化の解体，フォーマルグループの発達による非個性化，表面的かつ機能的な人間関係などをさしている．ワースの都市的生活様式は，生態学を都市研究に適用したものである．この方法は都市人類学 urban anthropology という分野を確立した．

　1960年代にはいると，都市人類学は個人の選択性が拡大されるという解釈をするようになった．都市空間は職業や住居，食物や教育，医療などについて，より質のいいサービスと，より多くの選択肢を提供するということである．1960年代以降の高度消費時代の到来は，消費パターンをかえた．所得の向上や労働時間の短縮をはじめとする消費環境の充実は，食費や光熱費といった基礎的消費項目への支出から耐久消費財や教育・娯楽，健康などといったサービス項目への支出を相対的に高めた．その象徴が，第一次集団の発見というノスタ

ルジアをふくんだ小都市幻想としてのサバーバニズムであった．近隣関係の強い絆，中間層（middle class）化，家族機能の拡大などが，その内容をなしていた．それはまた社会移動によって到達する中間層（housing class）の理想のライフスタイルであった．なぜなら社会的地位は財産や職業あるいは教育への接近可能性などによってランクづけられており，頂点からすそ野までの配列をなしている．これを社会階層という．

モータリゼーションが急速に進んだことにより，「豊かな郊外」の住人は中央ビジネス地区への昼間人口の増大となってあらわれた．その経過において中心都市の諸機能や都市の基盤整備をうながすようになった．それによってスラムをふくむ多くの低所得者の居住する地域（遷移地帯）との社会的不平等の実態が見えてくるのである．ゴフマンやベッカー（Becker, Howard）の著作が刺激的なのは，そうしたアメリカンドリームから離脱した人々を参加観察法によって分析したからであろう．

階層化 stratification　自由企業システムの発達は，集合的に消費する社会を形成する．消費は二つに分けられる．一つは生命の維持と再生産を可能にするといった，生産に還元できる消費である．もう一つは奢侈のような消費である．消費は損失と破壊を意味し，その程度は社会的地位を誇示することと結びついている．つまり社会的地位の高さは，消費のためにどの程度の財産を犠牲にできるかにかかっているからである．つまりこのような消費は，富の所有を見せびらかすことである．現在では，自分のために消費するという合理的な考え方が広くいきわたるようになった．自分たちが平等であると認め，互いに平等に価値ありとみなし，それを基準にして他の集団をあがめたり見下したりするのである．集団はこのように階層化されているのである．同じ地位にある集団（status group）に所属していると，メンバーのあいだで，物事に対する共通の認識や理解が共有される．その地位は世間で測った社会的ランクにもとづいて判定された優劣である．

階層化とは，構造的に規定された集団間の社会的不平等のことである．アメ

リカ社会を例にとるならば，なぜ貧富の差があるのか，ノン・ホワイトや女性という帰属性がどうしてホワイトや男性に対して不利になっているのか，あるいは労働者階級に誕生した人はどうすれば中産階級に上昇移動することができるだろうか，といった局面から，階層化をとらえることができる．

　人は所属している集団を他の集団と比較することによって，自らの位置を確認する．階層化という術語はウェーバー（Weber, Max）によるものである．彼は社会的不平等を三つに類型化した．この類型化は，「権力とは，ある社会的関係の内部で抵抗を排してまで自己の意志を貫徹するすべての可能性」という定義にもとづいている．権力によって規定された不平等とは，経済，威信，政治権力を指しており，それぞれ階級，地位集団 status group，政党がそれに対応する．階層化は，どのように物財を消費する方針を打ち立てられるかによって決定されるのである．

　ただし，現代社会のように物財がひととおりいきわたり均質化されてくると，われわれは自由に好き嫌いの存在をみとめ，そこからライフスタイルを考えるようになる．それをあたりまえとおもわせることこそが，権力ではなかろうか．さきの中間層（housing class）は大量生産による均質化と画一化を前提として成立していた．しかし情報の優位する社会にいる現在，消費は変容し，もはや衣・食のような商品の消費をもってだけしては，個人は満足しない．個人の消費が他人の消費を妨げない教育や大量輸送機関（一般道路）のような公共財の消費，すなわち集合的消費 collective consumption のための財が必要となる．私的財の消費とちがって，集合的消費は財よりもサービスの消費にある．集合的消費が進行すれば，国家財政を圧迫するケースも考えられる．

　身　体　人はこうした制度に身体をとおして接する．とはいえ，これまで社会学は，人々の信念からうまれる規則や規範的行動を主として研究の対象としてきた．したがって社会は私たちの心のなかにあるということになる．しかし私たちの身体は，規則や規範とどのように関係しているのであろうか．私は私の身体をもとに，言語という道具をつかって世界を認識する．また身体をもっ

ているから，他者に私を自明性をもって認知させる．したがって身体は，社会関係を回避できない構成概念である．制度のなかの身体をイメージさせるのは，ウェーバーの合理化である．その根本は，社会的に演技する人になるために，知識を駆使するようになっていくところにある．演技する人は，感情をさしはさまない役割人間に徹し，組織の目的実現のために自分には手のとどかない統制のなかで努力するのである．合理化は自由や自律性を認めるのではなく，手段を目的とすることである．

　これは規律にもとづいて欲望をおさえ，調整するというフーコー（Foucault, Michel）の考え方に類似をみいだす．フーコーの規律は，第一に人口の圧力である．都市に集積する人口に，病院や工場や学校，収容所などの施設を作って人口政策をとる．これは新たな秩序をつくりだすことである．都市の貧困は病気や犯罪の温床となっている．そのため，家族に社会化の役割が強調されるようになった．食事の方法や睡眠時間，エチケットなどが訓練される場所となる．それを家庭内でになっていたのは母親にほかならない．ここに母性の役割がクローズアップされるようになった．人口編成から見た身体と人口の合理化が，ここにみられる．第二の規制は禁欲である．ウェーバーの禁欲は，修道院の規律を家庭や工場に移すことにあった．宗教から解き放たれた個人は，救済のために自分を監視し，工場などのこまかい規則に自発的に従うようになった．フーコーは禁欲を，自由企業システムの要請による適性と素質の強化，あるいは欲望を克服して規則に服従することにみた．

　しかし私たちは禁欲についても，生産のための禁欲は整理できるが，消費のための禁欲はそれに比べて曖昧であることを指摘できる．大量生産で欲望を肥大させておきながら，その消費についてはしっかりした禁欲の方法がない．そのすきまをメディアがかきまぜて，ライフスタイルを提供する．たとえば過食を増進させる大量の広告をながしながら，一方では食欲をコントロールしながら健康と美をつくりだす消費を語る．現代の家庭はこの両方を受け入れざるを得ないから，消費向けに整備されている集団といえよう．そしてあふれる情報

をまえにして,「あふれる情報を選択する能力」を要請される．これでは「消費という労働」について考えざるをえない．このように現代社会では，私の身体は私がコントロールするだけではなく，他者の管理のもとにおかれる．たとえば健康を増進するにはどんなものをたべたらよいのだろうか？それを自分で決定できる人は少ない．健康が商品となれば，身体は消費の対象となるのである．

時　間　消費が「多様性かつ断片化」されることによって，われわれの生活を相対的で一貫性を欠いたものとしている．これに時間を対置させてみると，必ずしもそうとはいいきれない．時計は文字どおり「時を計る」道具である．時計は個々人の行動を集合的に普遍化する働きをする．それは自然的時間を社会的時間に変換させ，それを象徴化したものだからである．いわばデュルケム (Durkeim, Émile) のいう集合表象である．分業が進展すればするほど，この象徴は自然と区別がつかなくなる．

出来事の多様性のなかにある共通の土台こそ，時間なのである．時間は，あたかも私的な所有のようにおもわれている．時間は，行動の画一化とも私的な出来事とも無関係のようにそこにある．しかし日付や時間を気にすればするほど，集合表象としての時間が，個々の意識に深く根をおろしている証拠となろう．時計の時間構造は，われわれの生活に一定のリズムをもたらす．

身体における変化は，時間における変化であり，時間における変化は身体における変化なのである．したがって身体を消費することは時間を消費することにほかならない．

【引用および参考文献】
エリアス, N.（井本晌二・青木正之訳）『時間について』法政大学出版局　1996
ゴフマン, E.（石黒毅訳）『行為と演技』誠信書房　1974
高坂健次・厚東洋輔編『講座社会学1　理論と方法』東京大学出版会　1998
ミルズ, C.W.（鈴木　広訳）『社会学的想像力』紀伊国屋書店　1965
リントン, R.（清水幾太郎・犬養康彦訳）『文化人類学入門』東京創元社　1954

オニール，J.（須田朗訳　奥田和彦解説）『語り合う身体』紀伊国屋書店　1992
パーソンズ，T.（佐藤　勉訳）『社会体系論』青木書店　1974
ライアン，D.（合庭惇訳）『ポストモダニティ』せりか書房　1996
シュッツ，A.（森川眞規雄・浜日出夫訳）『現象学的社会学』紀伊国屋書店　1980
ターナー，B. S.（小口信吉・藤田弘人・泉田渡・小口孝司訳）『身体と文化』文化書房博文社　1999
ジンメル，G.（居安正訳）「社会はいかにして可能か」『社会分化論・社会学』青木書店所収　1970
ジンメル，G.（酒井健一訳）「橋と扉」『ジンメル著作集　12』白水社所収　1976
吉原直樹編著『都市の思想』青木書店　1993
吉見俊哉「ドラマトゥルギーと社会」庄司興吉・矢澤修次郎編『知とモダニティの社会学』所収　東京大学出版会　1994
ウェーバー，M.（清水幾太郎訳）『社会学の根本概念』岩波文庫　1972

第2章　社会化

1．社会化

(1)「私」という同一性

　生まれてはじめて撮ってもらった，自分の写真やビデオをみることがある．それを見て誰もが「私はこんなに小さかったのか」と思うであろう．そのささいな驚きは，無意識のうちにいまの自分の身体のサイズと，写真のなかの「私」のそれを比べていることによって生まれるのである．あるいは，写真のなかの「私」は，その頃どんなことを考えたり感じたりしていたのだろうかと，思いをはせたりする．それは自分がどんな性格の人であるかを，いくらかでも理解しているから考えられるのである．私の身体と精神は変わったのである．しかし写真のなかの自分も，いまそれを見ている自分も同じ「私」であることにかわりはない．これからの私も，それと似たような経験をするだろう．このように時間とともに変化しながらも，私は変わりのない私であるという一貫した意識に支えられている私を自我 self という．

　それでは，どのようにしてつねに変化している私を，変わりのない私として理解できるようになるのだろうか．私は身体をもって誕生し，その身体をたった一つのたよりに，親や兄姉と社会関係を結ぶ．この関係は，人になるための大きな意味をもった社会環境である．私は，すでに皆が使っている共通の言語を無意識のうちに使い，覚えていくうちに，住んでいる時代と場所の仕組みを身につけ，それに適応していくのである．家族は私にとって，それぞれ特定のかけがえのない人々として私といる．また家族は同じ時代を一緒に生きて年をとっていく．だから変化になかなか気がつかないのである．自分の意識の変化をつかまえることは，むつかしい．このように時間と空間を共有しながらお互いを直接的に経験するような状況をシュッツ(Shutz, Alfred)は「対面的

状況」といった．私は私であるという一貫した意識をささえているのは，現在という時間を共有する「われわれ関係」によるのである．こうして私が誕生してから身体をとおして，一生のあいだ切れ目なく他者（社会）とかかわりながら学習していく過程を社会化という．また私は相手から受ける認識によって形成される．だから私を認識する人それぞれのなかに，家族の一員としての，また労働者としての，市民としての，私がいるのである．こうして他者との関係において「つくられた自我」を社会的自我という．

　欲求と学習　ヒトもそのなかまとして分類されているすべての霊長類は，「ものをつかむ」という特徴をもつ．なかでもヒトの手は，ほかの霊長類にはできない複雑な動きをすることによって，固有の知能を発達させる．いうまでもなく手は物的な対象を操作する身体の一つの器官である．食事をするとき，手の動きは箸やナイフのような食器で食物をつかみ，口のなかにそれをいれる．このとき，ヒトの手は食べようとする物や量を考えはじめてから，口にいれる．このように手は操作する器官として身体と自然をとりむすび，そのくりかえしによって知能を発達させる．そしてヒトはあるものごとについて語るとき，つかんでいる何かを心のなかにえがくことができるようになる．モノをつかむことを「把握」というが，これは「きちんと理解すること」という意味もあることから，手のはたらきを心の作用にたとえた言葉としても使われている．このように手（知能）は，時間や空間に規定されない自然を，「つかめるような」サイズに抽象化することすらできるのである．

　このように学習は人間の生物学的な基礎とふかく関係している．というのもヒトはほかの動物に比べると，本能を欠いているからである．本能とは，種に特有の行動の型が生まれながらに身についているとみなされていることであり，学習される経験よりも優勢であると考えられてきた．しかし社会化は，本能の概念をさけて社会的学習のたちばをとってきた．本能ないし動因は，生理的な要求によっておこるとされる．「お腹が空いた」とか，「のどが渇いた」状態になると，生理的な要求につきうごかされて空腹を満たしたり，渇きをいや

したりする．このように，人にとって必要とされていることを欲求 need という．したがって，欲求は充足されるべきものとして信じられている．だから政治や政策の論争のレトリックとして（「国民のニーズに対応して」などの表現にあるように），貧困や権利の剥奪さらには福祉などにかんする行動や調停，あるいは要求を支持するなどの名目で用いられているのである．したがってこの用語は，人の欲求が出会うかもしれないときにもちいられる．つまり欲求は，その対象を外側に置いてなりたつ．したがって欲求の詳述は難しい．すなわち何をもって生存の必要条件とするかについて，一致した見解がないのである．そして生存に不可欠の必要条件のレベルを決定することはさらに困難である．人を愛することや人の世話をすること，あるいは仲間とのつきあいや学習の機会などを欲求とする場合もある．しかし，たとえば人を愛することが完全に充足されたとしたら，人を愛することをやめてしまうのだろうか．

　欲求は身体の外の対象に充足を求めようとしている．ここでは欲求に対して，身体とともにある欲望 desire という用語が対置させられるだろう．欲望とはそれ自体が目的となることであるから，自分の意志でコントロールできないのである．したがって，欲望は充たされることがないのである．欲望へ注目することは，関係的存在であるという身体の性質を，欲求よりも深く確実性をもって示してくれる．

　ともあれ空腹や渇き，あるいは仲間との親しいつきあいなどを充足させるばあい，私たちは時や所かまわずそれをするわけではない．そこでは「望ましい充足のしかた」があるはずである．つまり社会的学習では，目標にたっする過程において，価値をともなった行動の方法を習得していることが前提となる．ここで価値とは，その人が所属している社会の文化モデルである．これが身についている（内面化）からこそ，目標を達成するまで，欲求ないしある程度の欲望はコントロールされるのである．価値は，文化モデルに変更のないかぎり維持されるのである．

　言語の機能　子どもは，ふつう親の話している言語を学習する．コトバをお

ぽえるとき，子どもはまずくり返される音のパターンをききとりはじめる．やがて音のカテゴリー（五十音など）とその組み合わせ，さらには音の組み合わせと異なった意味とを結びつけるような学習をする．これが言語の「規則」を発見することになる．したがって一つの言語をマスターすることは，その言語をつかっている社会の共通のルールを手に入れるということである．ここで気にとめておくべきことは，おとなの話しコトバには限りがあり，なおかつ彼らがそれを完全に使いこなしているとはいえないということである．子どもは完全とはいえない使い手の語彙を手本にして言語の規則を獲得していくのである．

しかも話しコトバは，一回限りのものである．たとえば「つくえ（机）」という一つのコトバをくり返しつかっても，つねに「同じ語」だとかんがえることができるは，「つ・く・え」という音が，同じ順序で再現されたことをみとめているからである．音声の高低，その大きさ，息づかいの遅速などの「質」は，そこでは問われない．こうしたコトバの性質を認めることによって，言語の分節化の機能が理解できるのである．分類は重層的であり，しかも抽象的である．いわばありのままの自然そのものが「地」であるとするならば，それを分節化する言語は「図」である．そして人は「地」を理解するために「図」をつかって，さまざまな行動を組み立てることができる．さらに単語を結びつけて句や節を，さらには文を組み立てるまでになるには，相手に理解できるように文型とそれを用いる方法についてのルールをよりどころとしなければできないのである．私たちの社会でも，五十音（音素）と数千個の単語，それにルールがあれば，文法的に正しい文を数限りなくつくれるのである．日常の会話からも感じられるように，ヒトの行動は慣習にもとづく規則に支配されている．しかし慣習は同じことをくり返すという意味ではない．

なぜなら相手の行動を理解し，それが状況に適切であるかどうかを判断するということは，聞き慣れない発話が文法にかなっているかどうかを判断することに似ているからである．このような文化の「生産性」は，行動を制約すると

ともに，制約にたいして反応する新しいパターンも用意しているのである．

ともあれ子どもの言語学習は，文法的に正しく話すことではなく，状況に応じて適切にしゃべる方法を習得することにある．つまり「正しいことばづかい＝意味」を学習するのである．コトバが共有されるためには，意味が分類され整理されていなければならない．言語の学習とは，意味に分類された内部と分類された相互のあいだに，体系的な対立をみつけだそうとすることにほかならない．こうしてみると言語の習得は，音を分類する方法であるといえる．ヒトは特定の言語を習得することによって，世界を見たり，聞いたり，感じたり，見分けたり，整理したりしながら，世界についてのイメージを組み立てる．というよりも言語がなければ，それができないのである．「認識すること，それは事物の名前をよぶこと」（メルロ＝ポンティ）なのである．

(2) 身ぶりとコミュニケーション

コトバはコミュニケーションの過程で習得される．母親とまだ日常会話のできない子どもとの関係を考えてみよう．子どもは生理的に変調をきたすと，泣く．泣くことは身ぶりである．身ぶりとは，ヒトが相手の身体のある部分についての反応を刺激する行動である．母親はすでにつくられた意味の世界（文化圏）に住んでいるから，子どもが泣くという身ぶり（刺激）をとおして，泣き方ににによってその意味を推し量ろうとする（反応）．たとえば子どもが顔をゆがめたり，泣き声をだしたり，それとともに手足をひんぱんにうごかしたりする．母親はそれをみて子どもが何かを（空腹や室内の不快な状態など）伝えようとしているのだと考える．この身ぶりを「標識」（エンブレム）という．私たちも街でふだん挨拶だけですませている人に出会ったとき，かるい会釈をする．母親は子どもの標識をかんがえながら，子どもの身ぶりに適応（理解）しようとする．子どもの泣き声が空腹を訴えていると母親が理解し，ミルクを与えると子どもが泣きやんだとする．このとき，身ぶりが母親と子どもの意識のなかに同じ意識内容を生じさせ，言語となるのである．したがって標識は言語そのものにち

かい性質をもっており，言語のかわりをする．子どもの泣き声が母親の身体に住まい，なぜ泣き声が他の理由からではなく空腹からだったのかという母親の理解が子どもの身体に住まっているかのようにみえる．こうした場合，泣くという身ぶりによって「有意味シンボル」がえられたというのである．

　しかしどうして母子のあいだで，暗黙の了解のようなことがおこるのであろうか．まずここでは，母親と子どもが共通の言語をもちいる文化圏に住んでいるという前提にたっている．動作が象徴する意味は，その人の住まう文化にのっとった方法で学習されるからなのだ．ミードがいうように「個人は，コミュニケーション，あるいは異なった個人の精神のあいだの接触が可能になる以前に，社会過程の内部で本質的な関係をむすんでいなければならない」のである．だからこそ私は相手から身ぶりを与えられるのではなく，それを理解しようとするのである．すなわち子どもの泣き声は，そこに参加するように母親をうながすはたらきをする．

　また身ぶりには，「身体操作（ボディ・マニュピレーション）」として分類される動作がある．これは自分の身体のある部分を使って他の部分に何かをするという動作である．子どもが不安な時に両手をたたいたり，足をさわったりする動作はありふれた例である．大人でも緊張感が高まったり，集中していると両手で頬をたたいたり，唇をなめたり，髪の毛にさわったりしている．この動作を終えたあとで考えても，どうしてそういうことをしたのかわからないことが多い．身体操作が不安や不快のサインとして解釈されるのは，そのためである．なお身体操作にも意味はあるが，標識ほど明確に伝達を意図したものではない．

　身ぶりの第三の性質は，「例示的動作（イラストレーター）」である．例示的動作とは，発話（音声言語）の内容や流れに，またその両方に密接に結びついている．私たちはコトバにつまったとき，両手を脈絡もなくひんぱんに動かしたり，指で机をこきざみにたたいたりしながら，コトバをまつ．これらの動作は，発話をつづける意志をしめしており，さらにはコトバをよりみつけやすくするためにとられるのだろう．また例示的動作は，コトバであらわすことのむつかしい内容を身ぶ

りにかえてあらわすことができる．抽象的な内容を説明するさいに関係を図式化してできるだけ単純化したり，また家屋を設計図にして構造化するなどの動作の方法がそれである．さらには発話のさいの間のとりかたや声の抑揚など，相手の理解の手だてとなるようなはたらきがある．

　こうして身ぶりは「有意味シンボル」significant symbol,「有声身ぶり」vocal gestures に依存しているのである．ともあれ二人のあいだのコミュニケーションは次のようなプロセスにのっとっておこなわれている．一方の中心である私が言語を内面化して思考する．それは相手もおなじである．はじめに発話する側の身ぶりが言語として意味をもつということは，お互いにそれを理解し合っているということである．それはいわば言語として外にあらわれたものである．しかしその言語は個人の内面のなかで再生されなければ，コミュニケーションは始まらない．それは私あるいは相手の意識のなかで生じるので，自分にしかわからない．おそらく私と私自身の会話は圧倒的にコトバによるものであろう．コトバは象徴でコード化されているため，私の意識は私の独自の仕方でこのコードと重なりあおうとする．このプロセスも相手には理解されない．しかしコミュニケーションができるためには，私が独自にコードを解釈するだけでなく，相手とそれを分かち合う努力をしなければならない．コトバが公的であると同時に私的でもあるゆえんである．そのようなコトバをつかう「私」というありかたも，コトバと同じような性質をそなえているといえよう．なぜならそれと同じことを，他方の中心である相手もまた考えているからである．ヒトと他の動物とのちがいは，こうしたコトバすなわちシンボルを操作するところにある．これによってヒトは自分の住まっている社会的世界で，自分の身体や感覚に，また自我や生きてきた記録に，さらにはいまおかれている状況などに意味を与えることができるのである．それでは，意味をつむぎだすコミュニケーションのしくみを，次に考えてみよう．

(3) 反省と役割取得

　反　省　反省 reflect という言葉には，光や音などを送り返すとか，反射する，曲げるなどの意味がある．それはこちらから放たれたモノが，もどってくるというイメージである．コミュニケーションは，私から相手にはなたれた有意味シンボルや有声身ぶりが，相手にはたらきかけて複雑な反省的な反応をよびおこし，ふたたび私のもとへ帰ってくるということである．このプロセスは時間と深く関係している．

　私は今この時に，目や耳や口などの感覚器官をとおして，コーヒーを味わいながら窓の外の景色をみて，そこを走る自動車の音をきいている．コーヒーや景色や音などは，私がそう思うからそこにあるのではなく，わたしと離れてそこにあるのである．時間論ではこれを「みかけ上の現在」specious present といっている．現在という時間は，感覚器官をとおして知覚される直接的で抽象的な意味のデータだけのあつまりではない．時間は刻々とすぎさっていくので，現在のなかには過ぎさった時間の心像（過去）やこれからするであろう経験（未来）も，ともにあるのである．というよりも現在は現実的な持続である．持続は継起的で流動的であるから現在，過去および未来のそれぞれにおける行為の完成とはなんの関係もないのである．むしろ時間とともにある私たちの経験は，つねにのちの反応が生ずる始まりのなかにある．だから時間は，思考とか反省とよばれている行為のなかを流れていく．つまり現在という時間は，過去と未来を移動しつつある時間となる．そして過去と未来を位置づける反省は，有意味シンボルによってうまれるのである．

　ところで有意味シンボルの発生をたどっていくと，身ぶりにいきつく．身ぶりは，あきらかに社会的行為の一部であるからだ．ではなぜ人は身ぶりをするのであろうか．それは，私が相手の行為に自分の行為を適応させようとするからである．身ぶりは，はじまりとなるしぐさが，相手の意識のなかに一つの態度（ここでは反応の準備状態）としてうまれるときにシンボルとなる．身ぶりは，相手にそのような態度を誘いだすしぐさをする私が，私のなかにもそれと

同じ態度を誘いだすときに有意味シンボルとなるのである．したがって身ぶりは相手にだけではなく，同時に身ぶりをしている私にも一定の態度を誘いだす．そのとき身ぶりないしシンボルは，意味として態度に関連している．

　反省とは，相手とコミュニケーションしている私が，私自身のなかでも私とコミュニケーションしている状態や過程を経験している行動の一つのタイプとみなすことができる．だから反省は，個人が他者のなかに誘いだした反応と同じものを自分のなかにも誘いだすことができる．相手に話しかけている人が，自分の発話の内容にうなずいたり，胸に手を当てたりする行動は，話しの内容を自分に納得させる，すなわち自分とコミュニケーションしている身ぶりにほかならない．つまり人は何かを相手に伝えようとするとき，それと同じ内容を自分にも向けているのである．それができないとすれば，自分がなにをいっているのかわからなくなるであろう．このように，人は自分に特有の行為のやりかたのなかに，他者と協力しあう行為のやりかたの仕組みを順におくっている．その仕組みはつぎのように考えられよう．それは目にみえる行動の完成から個人の内部にある行動を分離させること，また未来と過去から「みかけ上の現在」を区別することができることである．たとえば喫茶店にはいってコーヒーを注文するのが私のはじめの身ぶりであり，注文をうけ，コーヒーを運んでくるウェイターがそれに続く身ぶりである．この認識は重要である．というのも，これが達成される仕組みは，すなわち行動の仕組みでもあるからだ．このコミュニケーションは，コーヒーそのものの味やウェイトレスの接客態度など，個人が反応する知覚的対象の意味をともなってもいる．

　このことからもわかるように，反省は時間とともにありながら有意味シンボル＝記号をうみだしているのである．反省について話す過程は，記号過程について話してもいるのである．

　このように記号をなかだちとした自我は反省的自我であり，反省的自我は相手に対してもまた私自身にたいしても対話的自我であるのだ．

　役割取得　反省的自我は，私のなかに「私」であると同時に「他者」を共存

させるという性質をもっている．そこでは，私はコミュニケーションする相手に，私を対立するモノとして記憶させるのではない．あるいはわたしの視覚と触覚をはたらかせて相手との境界を定め，それによって相手との差異を認識することでもない．そこに起こっていることは，「相手のなかに私の自我を感じて」いるかのような状態である．すなわち私の身ぶりが試していることは，同じような類の差異を彼のなかにおこさせるたちばに相手も置かれているべきだということなのである．そのとき身ぶりはあたかも翼をもった行動として，相手のなかに飛んでいく．翼をもって飛んでいく力は，視覚や触覚で接触できるモノのなかに，それ自体を感じうる許容量という財産を，人に贈っているようにたとえられよう．これが反省的自我の性質のもっとも中心をなしている「役割取得（role-taking）」なのである．

ところでここでいう「役割取得」の役割は，システム論でとりあげた社会的地位とセットになっている社会的役割としてみなされていないことである．それは役割取得をする私の姿勢，対象，パースペクティブ，身体などコミュニケーションを主体とした場合の役割である．そこでは自我をうみだす反省的性質が，言語と反省の関係のなかで意味をつくりだす．これによって根拠づけられるのが，「ｍｅ」と「Ｉ」である．自我は社会過程で形成される．私は言語を使いながら社会に適応できる個人として成長する．私が役割取得によってつくられる側面の「ｍｅ」である．ただ反省的性質が，内面の対話である．私は自分に話しかけはするが，話しかけている自分をみることはできない．それが「Ｉ」の側面である．こうした「Ｉ」と「ｍｅ」の認識の一致は，個人の反応の土台となっているということである．しかもこの反応は，文化によって支えられているところに独自性をもっているのである．第三は，自我の創発性emergenceである．これは行為の完了をまって，はじめて記憶のなかでそれをつかみ，観察，調査，吟味，判断，評価といったことがなされる．

現在とともに進行し，経験のなかでもっとも魅力的な部分，それこそ「Ｉ」なのである．私たちはつねにそれぞれの私の自我を実現させたいとおもってい

る．実現させようとしている自我は，新たな形に総合化され組織化される過程にうまれる．したがってミードに習えば，自我は「社会的自我であり，だから自我はまさに他者にたいする関係のなかで実現される」のである．人は関係のなかで「I」を実現さる方法を追求していくのである．したがって行為の終わったあとで，はじめて自分を知るということになる．これはミードが時間論のなかで述べた，認識することのできない現在という時間である．それはちょうど，デカルトが「疑っている自分を疑うことはできない」といった自分のありかたとにいる．自我の創発性からわかるように，社会的世界はダイナミックで弁証法的に網をはりめぐらしたように考えられているということである．

　ここでもう一つ，創発性との関連でジンメルの相互作用主義を加えておく必要がある．相互作用主義は，シンボルとか社会過程ないしは相互作用を用いて，社会現象を「社会生活の幾何学」とたとえられる形式に抽出することである．たとえば戦争や家族，企業や政治といったいわゆる「内容」を個々にとりあげるのではなく，それらの集団を横断している現象として闘争という「形式」をおさえることによって，社会生活を理解していこうというのである．ジンメルの方法は（a）集団の整理の仕方として，孤独・二人関係・三人関係が，（b）上位と下位の支配関係から，集団の人間関係における闘争，競争，連合が，（c）アイデンティティと役割からはよそ者と貧困者が，（d）発覚するということから秘密と秘密結社が，（e）評価するということから価格と交換が，というような社会化の形式を取りだすことにあった．この方法がシカゴ学派にうけつがれたことは，よく知られている．

　以上のようにシンボル操作，役割取得，創発性，相互作用主義を内包する立場を象徴的相互作用主義という．

(4) 心のなかのドラマと日常生活のドラマ

　心のなかのドラマ　もう少しミードの有意味シンボルについて続けてみることにしよう．彼によれば，自我意識の核心は思考過程であり，また知的過程で

あるとしている．そしてその過程は，一方で相手に対して有意味身ぶり（significant gesture）による会話をしているといっている．他方では，有意味身ぶりを内面化して内面で「劇化（ドラマタイゼーション）」しているという．その一つの例が模擬的な役割を演じながら，自我の形成のはしりをままごとのような「遊び」に見る方法である．さらには野球のようなゲームを例にとっている．ゲームはどんなものであれ，最終的には勝つことに目標をおいている．プレイヤーとしてゲームに参加するには多様な役割の蓄積が前提となる．それによって状況におうじた適切な行為を選択したり，自分の望むように他者の行動をみちびくことができるようになる．集団のまとまりを強め，それを維持していくためには，メンバーに共通する行為の枠組み（野球の場合では，チームワークをみがいて勝利をめざすといったように）が必要となる．それをミードは「一般化された他者」generalized others といった．「遊び」から「ゲーム」の段階への移行は，相手に対しても，自分に対しても役割取得を「演ずる」という発想にたった説明といえるのではなかろうか．そもそも役割とは，演劇の用語である．

舞台と印象操作　この「演ずる」という発想をとりいれながら，日常生活をドラマトゥルギー dramaturgy としてみたてたのが，ゴフマンである．ドラマトゥルギーとは，「劇作家」ないしは「脚本作者」のことである．私たちは劇場や舞台にたとえられたオフィスや学校，病院あるいは家族などの日常という劇場で，私のパフォーマンスする脚本を，観客（オーディエンス）に向かって書き，そして演じている．この舞台でのきわだった演者たちのミクロの相互作用は，印象操作 impression manegiment の方法にのっとっている．「演ずる」ことをマキャベリ（Machiavelli, Niccolò）にならって「人間は，総じて実際に手にとって触れるよりも，目でみたことだけで判断してしまうものである．それはみることは誰にでもできるが，触れることは少数の者にしか許されないことによる．すべての人が外見だけであなたをみてしまい，実際あなたに触れているのはごくわずかの人である」とみる．そのとき，都市的世界における相互作用は，意図した公正な交換によってだけおこなわれるのではないことを，それとなく

教えてくれる．日常生活のなかでは，他者から見て判断される行動は，「表舞台」に限られている．そしてみるだけでなく，触れることのできる人は，その人の「裏舞台」をかいまみることができる親密な関係を意味している．

コミュニケーションのとき，私は他者のまなざしを強く意識し，その状況を統制しようとする．そして相手に意図的に伝えるものと，それほど深い考えもなく放たれるものに二分される方法で，私を表現し，相手の印象を統制しようとする．しかも表現するとなれば，自己の利益になるよう効果的に自分を呈示（演技してみせる）しなければならない．たとえば就職の面接試験では，服装をはじめとする身だしなみや敬語の使い方，挨拶の仕方，面接する相手との受け答えなど，合格のためにはふだんさほど気にとめていないことを真剣に演ずることになる．また，パフォーマンスの特徴として故意に自分を「より以上の自分」として「詐術」や「擬装」という行為によって印象づけようとすることもある．「虚勢を張る」とか「みえすいた」行動がその例となろう．この呈示はあきらかに，隠したい部分をもっていることを意味するから，この程度が高くなればなるほど神秘性を強めることになる．これらの行動は「表舞台」でなされる．

このように自分で印象操作をする一方で，呈示された自我が，性格や社会的地位などの面で相手に解釈されることもある．この部分の自我は，統制できない．ここで人は私の意図と意図せざる部分をうまく組み合わせ，印象を信頼にまで高めようとする．医師は，患者に対して治療するという役割遂行だけを目的とするのではない．ゴフマンは，それを滞りなくおこなうために，医者が看護婦にたいして父親のようなジェスチャーをする例を取り上げている．彼の立場は，アシストをする技術者として職業のうえで下位におかれている看護婦に対して権威を示す．それとともに，看護婦からみれば医者の身ぶりは，仕事の上で頼れる年長者の地位を示し，なおかつ父親のような愛情をあたえてくれるのである．医者の地位関係を察しつつ，それに無関心をよそおう「平静」の自己呈示は，従属的だとみなされている看護婦の「面子を保つ」ように維持され

るのである．このように集団内の相互作用では，自尊心のルールと思いやりのルールが組み合わされ，お互いの面子を立てようとする意味秩序が確立されている．この意味秩序は，お互いがどのようにふるまえばよいかを助けるのである．

儀礼的行動　こうした行動は儀礼的行動といわれる．それは適切な回数を演ずるさいに，しばしばくりかえされる規格化された行動の型のことである．医者と看護婦は血縁関係にはないが，患者に対して効果的な治療をほどこすという，同一の感情と協同の関係をもたなければならない．そのためにかれらは患者にたいして型にのっとった適切な演技をしなければならない．それは医者と看護婦にとって適切な社会的距離をとるために欠かせない行動である．そのさい医者は看護婦をファーストネイムで呼ぶ傾向があるのに対して，看護婦のほうは「ていねい」にそれに応えているという病棟での行動をゴフマンは報告している．この関係を看護婦の立場からすれば，医者の指示に対して従順であること，あるいは敬意をはらうことなどという行動となってあらわれる．患者をまえにして，看護婦が医者に対して「ていねい」な行動をとることを提示儀礼という．しかもそれを結びつけている感情が，「父親と子ども」の演ずる信頼関係にたとえられるようなシンボルにのっとっていながら，裏舞台での気を抜いた行動をこえて，なおかつプライバシーを尊重しあっている．これを回避儀礼という．

このように両者は，儀礼のシンボルに規定されていることがわかるだろう．もともと儀礼のシンボルは宗教性をおびており，デュルケムによれば社会的連帯をつくりだすという．それとともに生ずる儀礼の意味秩序は，信念から発して行動にいたるのではない．行動が信念をつくることはあっても，その逆ではない．「俳優」としての私たちは，互いに現実を分かち合いながら認めあい，協同しあいながら，お互いのアイデンティティを保っているのである．ゴフマンは，敬意とふるまいによって構成される対人的行動を儀礼的相互作用といった．このようにある状況のもとでは，表情や身ぶり，言葉づかい，服装などに気を使い，自己呈示することは，社会的役割の一環をなしている．その役割は，

よそおえる自己として演じているのではない．そう期待されている私が，役割を演じているだけなのである．

日常生活のなかで，私たちがもっとも儀礼的な行動を演ずるのは，職場においてである．キャリアを積むことは，組織内での地位が変化することである．またそれにともなって加齢することである．リタイアメントするまで，地位や年齢に応じて，私たちは演じ方を変えていかざるをえないのである．

2. 自己と職業的社会化

(1) 産業分類と職業分類

われわれが劇場にみたてる，職業は労働市場の成長の産物である．それはかつての自給自足の時代にみられた家庭の活動のなかから，経済の役割が分離したものと考えられる．ただひとくちに生計をたてていく経済の役割といっても，経済的分業をみれば広い範囲にわたっていることがわかる．第一に事業所の事業分類にもとづいた産業分類がある．クラーク（Clark, Colin Grant）の第一次産業，第二次産業，第三次産業の分類は，社会的分業の発展にともなって職業の多様化および細分化を生じさせることをはっきりと示している．これを職業分化という．さらに極大化をめざした資本の移動にともない，第三次産業のなかでの多様化と細分化が生じる．第三次産業は第四次産業（金融・保険・不動産などの産業）から第五次産業（保険・教育・研究などの産業）に再分類され，前者から後者へ移行しつつあるとみなされている．わが国の分類では，農業，林業，漁業，鉱業，建設業，製造業，電気・ガス・熱供給・水道業，運輸・通信業，卸売・小売業・飲食店，金融・保険業，不動産業，サービス業，公務（他に分類されないもの），そして分類不能の産業の14項目が大分類となっている．さらにこれを中分類として99項目に，小分類として463項目に，細分類になると1,324項目にまで項目が細分化されている（総務庁「日本標準産業分類」第10回改訂　平成5年）．

第二は職業分類である．職業分類の最小の単位は，職種jobである．職種は

一人がする仕事の種類をさしており，それゆえ集団としてみれば技術的に似たような仕事の内容である．大分類は専門・技術的職業，管理的職業，事務的職業，販売の職業，サービスの職業，保安の職業，農林漁業の職業，運輸・通信の職業，技能工・採掘・製造・建設の職業および労務の職業となっている（図表2-1）．

図表2-1　職業分類

大分類	中分類
A　専門的・技術的職業	科学研究者，鉱工業技術者，農林水産業技術者・食品技術者，医師，薬剤師，保健医療の職業，社会福祉専門，法務，財務・経営専門，教育，記者，編集者，写真家，デザイナー，音楽家など
B　管理的職業	管理的公務員，会社・団体の役員など
C　事務的職業	一般事務，会計事務，生産関連事務，営業販売関連事務，外勤事務，運輸・通信事務など
D　販売の職業	商品販売，販売類似の職業
E　サービスの職業	家事サービス，生活衛生サービス，飲食物調理，接客サービス，居住施設・ビル管理など
F　保安の職業	自衛官，司法警察職員など
G　農林漁業の職業	農業，林業，漁業
H　運輸・通信の職業	鉄道運転，自動車運転，船舶・航空機運転など
I　技能工，採掘・製造・建設の職業および労務の職業	採掘（採鉱・採石），窯業・土石製品・金属材料・化学製品製造，金属製品・機械製造（金属加工・金属溶接・一般機械機器具組立と修理・電気機械器具組立と修理など），その他の製造業（飲料・たばこ，食品原料，食料品，紡糸，衣服・繊維，パルプ・紙，印刷・製本，かわ製品，ゴム・プラスチック，装身具），定置機関・建設機械運転・電気作業，建設（建設，土木・舗装，鉄道線路工事），労務など

（労働省職業分類より）

(2) 職業的社会化

どのような職業を選択し，またどのような職種にあっても，職場において人は一定水準の労働能力をもとめられており，技能をもってこれに応えなければならない．組織のかかげる目標の達成，そのための公的な規則の制定，またハイアラーキーを背景にした地位にもとづいて権限を配分するなどという立場からみれば，個人の職務の遂行は「まさにそうすべきこと」として位置づけられる．ウェーバーは，精密機械のように生産に従事する個人を，能率に集約される組織の論理にのっとって組織というフォーマルな舞台で演技する組織人の典型とみなした．個人は非人格的な存在としてとらえられる．

しかし雇用環境のなかでは，組織の存続のために発揮される狭い意味での技能の水準が維持されるだけでは，よしとされない．それが認められるために必要な行動や心がまえを身につけなければならないからである．つまり仕事をしていくうえで欠かせない知識や技能をみがくことはもちろんのこと，インフォーマルな労働の規範，職場の友人集団と共有する価値と人間関係などをとおして身につけたものこそ，技量となる．仕事をしていく上でのこれらの技能や技量を身につけていくことを職業的社会化という．

さて，組織が大きくなるにしたがって，専門化もすすむ．そうなると，組織の下位に向かうほど全体をみわたすことはむつかしくなる．このような状況のもとでは，ルーティン化した日常の仕事の場における判断基準は，小集団の対面的なメンバーのモノの考え方や感じ方が大きく影響する．組織のフォーマルな側面を効率の論理にもとめるとするならば，インフォーマルな側面は「感情の論理」に支えられているといってよい．「職場に気の合う仲間」がいてインフォーマルな関係が良好にたもたれていれば，目標を達成しようとする動機づけは高まり，それを生産性の向上にむすびつけることもできるのである．職場において，とどこおりのないコミュニケーション回路を確保することは，仕事をしていく上で重要な要因である．ただし一方でインフォーマルな関係は，人格性を尊重し合うことを認めるので，セクショナリズムを形成する温床ともな

る．こうして組織を統合する規範は，公式的な関係のみならず非公式的な部分も重要な統合の機能の要素としている．

ところでなぜ職業において技量をみがくのであろうか．職業的社会化のはたらきの一つは組織に所属する個々人が，それぞれの技量をたかめ，それを実行に移すことによって，組織に対して責任をはたすということである．それによってメンバーは互いの異質性を認め合い，異質性を生かしながら結合することによって，社会的連帯（有機的連帯）を感じるようになる．それは組織の存立にとって不可欠の機能的要件となる．

もう一つは，職業を選択するさいに，自分の能力やこれからどれだけの技量を積み上げていくことができ，それを現実のものにできるだろうかという自己実現のはたらきである．個人が組織に所属しつづける理由に，自分の能力を発揮できる機会があること，また張合いをもって仕事にのぞみそれを達成したときの充足の度合いがあることがあげられる．仕事において自己実現を経験するには，この二つの要因をはずすことはできない．かつてウェーバーは，「自分の資本を増加させることを自己目的と考えるのが各人の義務という思想だ」というベンジャミン・フランクリンの姿勢に資本主義のエートスをみた．たしかに職業選択へとかりたてる理由が，生計のためであり，その結果として日々の作業をとおして社会的連帯の一端をにバうようになることを否定できない．しかしそれとともに，仕事をすること自体に意義を認めることがある．たとえば資本主義のエートスは歴史とともにもたらされたものではない．カトリックの冷静な克己心と節制という伝統的な禁欲の精神が，プロテスタンティズムに世俗内禁欲として受継がれ，労働の自己目的化というあらたな労働の倫理を定着させたのである．救済のための労働意欲をもたらすものこそ，神から命ぜられた職すなわち天職だったのである．救済は，天職を成功させることによってもたらされるのである．この精神が内面化され，合理化をかさねることによって，自己の経済的利益をもとめて行動する経済人 homo economics を誕生させたのである．あるいは制度が内面化されると同時に外在化し，私たちを拘束する．

私たちの生は制度の拘束と対立しながら，制度を変革しようとする．こうして制度（的文化）はつねに変容の契機をはらんでいるといえるだろう．

私たちが「この仕事は私の天職だ」というとき，生まれながらにその人の身にそなわった，もっとも合っている職業をさす．この表現は，あたかも生まれる前から今している仕事が，その人に予定されているようにたとえられるが，実際には職業的社会化をとおして気づかされることが多いといえるのである．

(3) 企業と集団主義の文化

職業をもつということは，労働時間に拘束されることである．フルタイム労働であれば年間平均で一週40時間，パートタイム労働であれば上限35時間未満の週平均労働時間が，それに相当する．労働時間は，私たちの生活時間の一定の部分をしめているので，生活のリズムをつくりだす．職業生活についやす時間は，個人と社会を結ぶ人生の重要な部分をしめている．

この時間のなかで，役割取得を連続させながら就職する以前の状況から脱して，職場という世界で自らが一定の世界を築き上げなければならない．またそうせざるをえないのである．企業の制度的文化とは，こうして築き上げられた世界にほかならない．雇用期間が長期にわたれば，従業員の企業へのコミットメントは高くなり，それと引き換えに生活の保障を得ることになり，「会社人間」が形成されるのである．

ところで，わが国の企業において形成された制度的文化は，いわゆる日本的経営とその源流である集団主義である．日本的経営とは，日本の伝統的な企業経営の方法である．終身雇用制度，年功序列型賃金制度，企業別組合をはじめ，それをつらぬいている集団主義である．集団主義は，江戸時代の定着灌漑農耕に発し，明治期以降から高度経済成長にいたる企業経営に応用された行動規範の体系である．その内容は (a) 農耕の特徴として，生れ落ちた集団のなかで生育し，働き，生活し生涯を終える．したがって個人は集団全体と運命をともにする．(b) そこでは個人の幸福は，集団の存続と繁栄を前提とする．それゆ

え個人は集団に対して没我的献身の義務を負うことになる．(c) 集団の存続には，若いころから集団に定型的で画一的な「しつけ」をほどこす必要がある．この教育は年長者によっておこなわれ，地位の序列をつくった．(d) 集団には最初からサブ・グループがあった．通過儀礼でいうならば年齢集団がその例となろう．サブ・グループの違いは，秩序の厳守による集団の融和や協力をとおして集団の存続に対応する機能をはたした．(e) 集団の秩序を維持し存続をみちびく最高責任者は村長や家長であった．彼らの権威には，メンバーが絶対服従しなければならなかった．しかし集団の意思決定は，メンバー全員の参加によっておこなわれた．これは稟議制度としていまも残っている．(f) 集団存続への協力に対するみかえりは，メンバー各自の生活の多くにいきとどいた温情主義である．このような特徴をもつ集団主義は，生計を立てるために各地からやってくる従業員を管理する組織体の基盤をつくったのである．企業というものは，ほんらい特定の目的をもった人たちがそれを達成するために意識的に結びついた人為的集団，すなわちアソシエーションであることは否定できない．そこに伝統的な共同体意識を移植することによって，企業体は欧米へのキャッチ・アップをはかり，それを実現した．この成功は，集団主義的所属（ウチとソト），「タテ社会」，「恥の文化」，「甘え」などの視点から日本の文化的特質として分析されてきた．また集団主義といえども，企業に所属する従業員は，それぞれに個性や才能ないしは特技をもち，あるいは夢や抱負をいだいている．

　従業員のこれらのようなライフスタイルは，企業のなかでせめぎあい，熾烈な競争主義をうながす要因となる．集団主義はこうした個人主義を内包しながら維持されてきたといえよう．すなわち「タテマエとホンネ」のつかいわけである．このような分析のなかで，「察する」，「使い分ける」，「対面を重んずる」などの儀礼的行動がいかに重要視されてきたかは，あきらかである．

(4) 雇用システムの変化

　集団主義は，すべての企業に適用されたわけではない．それは高度成長期に

しばしば指摘された，大企業と中小企業のあいだにある経済の二重構造が物語っている．所得や福利厚生など両者のあいだには格差があった．したがって終身雇用や年功制度は大企業にとりいれられても，中小企業ではそれを整備することが困難であった．現在でも大企業よりも中小企業で離・転職率が高いのは，そのためなのである．

　第二に，高度経済成長は，大規模な労働移動をうながした．都市への労働人口の集中，景気の変動などによって，離・転職は産業間，企業間および地域移動となってあらわれた．これによって企業コミュニティは，従業員に対して長期的な生活を保障し，能力開発をするという日本的雇用システムを困難にしている．したがって伝統的な企業共同体は大きくゆらぎ，現在にいたっている．都市的生活様式の全般化は，職業をもつ意味を経済的役割に限定させる傾向をより強めることとなった．

　第三は，情報化の進展である．これによってフレックスタイムや在宅勤務のように，勤務時間や勤務形態がフレキシブルになっている．また組織のスリム化が可能になり，中間管理職の廃止や名称変更などにより，職位としての存在価値は低くなる傾向にある．コンピュータの操作が仕事の大きな部分をしめ，それによって能力をはかる基準となっている．情報の操作および活用にかんする技術革新はめざましく，この需要に対する人材の育成は高等教育機関のになうところとなっている．情報化は第三次産業を多様に分岐させるとともに，雇用形態をも多様化させた．高学歴化によって女性の就業率が高くなったこと，高齢者や障害者にも就業の機会が増えたこと，あるいはリカレント教育によって再就職への道を切開けるような条件を整えたことなどが，それにあたる．終身雇用は長期雇用慣行に，年功序列は業績主義に大きく変化しつつある．また正規従業員のほかに，パートタイム労働者，短期就業者，派遣労働者などの非正規労働者が増加している．共働き世帯が片働き世帯を追いこしている．

　これらのことから，勤務中から勤務後にかけての人間関係を，休日までもちこしていた企業コミュニティの「会社人間」は急減することになった．

3. 社会化からライフコースへ

　情報化の進展によって生じている雇用システムの変化は，社会化における職業の役割を，重要ではあるけれども決定的な役割とはみなされなくなっている．労働市場では需要にたいして仕事の内容や職種にこだわる若年層もおり，このミスマッチは求職活動のモラトリアムを長引かせている．

　子どもにとって家族や学校が第一次的社会化のエージェントとして限定された領域とは考えられなくなっている．またそれ以後の，子ども期の社会化をおぎなう成人の社会化は職業的社会化でみたとおり一律ではない．なぜならば，第三次産業の小分類の職種の数からもわかるように，職業的社会化の基準は多様である．それにかわって社会化は，ライフコースをとおして継続するものとかんがえられている．というのも社会化が一つのプロセスだけではなく，個人が社会に適応していく学習をいかにしてするかを考察するからである．となれば，社会的役割と義務は定義しなおさなければならないであろう．それゆえ社会化を理解することは，社会変動と関連する過程を考慮しなければならない．自分の人生の納得の仕方がそれぞれに違えば，人生という物語を紡ぎ出す方法も通り一遍ではなくなるからである．

【引用文献および参考文献】

阿閉吉男『ジンメル社会学の方法』御茶の水書房　1979
ボッグ, P.（江淵一公訳）『現代文化人類学入門（一）』講談社学術文庫　1977
デュルケム, É.（田原音和訳）『社会分業論』青木書店　1971
フォン・ラフラー, W.＝エンゲル編著（本名信行・井出祥子・谷林真理子編訳）
　『ノンバーバル・コミュニケーション』大修館書店　1981
ゴフマン, E.（石黒毅訳）『行為と演技』誠心書房　1974
ゴフマン, E.（広瀬英彦・安江孝司訳）『儀礼としての相互作用』法政大学出版局　1986
稲上毅・川喜多喬編『講座社会学6　労働』東京大学出版会　1999
井上俊編『現代社会学9　ライフコースの社会学』岩波書店　1996

ジャクソン, J.A.（浦野和彦・坂田正顕・関三雄訳）『役割・人間・社会』梓出版社　1985
菊池彰夫・斉藤耕二編『社会化の理論』有斐閣　1979.
経済企画庁編『平成11年版　国民生活白書』大蔵省印刷局　1999
マキャベリ, M.（池田　廉訳）『君主論』会田雄次責任編集『世界の名著16』中央公論社　1966
ミード, G.H.（稲葉三千男・滝沢正樹・中野収訳）『精神・自我・社会』青木書店　1973
Mead, G.H., *The Philosophy of the Act*, Univ. of Chicago Press, 1938.
メルロ＝ポンティ, M.（中山元編訳）『メルロ＝ポンティ　コレクション』ちくま学芸文庫　1999（本編で参照した箇所は『知覚の現象学1・2』竹内・木田・宮元・小木訳　みすず書房　1967〜1974　に所収）
森　好夫『文化と社会的役割』恒星社厚生閣　1972
尾高邦雄『日本的経営』中公新書　1984
シュッツ, A.（森川眞規夫・浜日出夫訳）『現象学的社会学』紀伊国屋書店　1980
ジンメル, G.（居安　正訳）『社会学・社会分化論』青木書店　1970
ジンメル, G.（居安　正訳）『秘密の社会学』世界思想社　1979
菅原和孝・野村雅一編『コミュニケーションとしての身体』大修館書店　1996
ワイリー, N.（船倉正憲訳）『自我の記号論』法政大学出版局　1999
ウェーバー, M.（大塚久雄訳）『プロテスタンティズムの倫理と資本主義の精神』　岩波文庫（改訳版）　1989

第3章　社会的逸脱

1. 社会統制と規範

(1)「平均的」ということ

あなたと同時に生まれた男女が、一生のあいだに何年生きられるだろうか、という平均年数を平均寿命という．人は不老長寿をねがうから、この平均をこえるとおめでたいこととする．これに対してある試験で、あなたが努力をしたにもかかわらず、平均点を下回ったとする．喜ぶことができないどころか、努力が報われなかったことに、気をおとしてしまうかもしれない．

ここでは長寿も試験の点数も平均値からズレている．にもかかわらず、長寿は望ましく、平均点を下回った点数はマイナスに評価されてしまう．二つの評価が対照的になってしまうのは、平均寿命の「向上」と、平均に達しない点数の「下降」を対比してしまっているからである．ここには平均を前提として垂直方向にプラスとマイナスの分類がある．長寿には賞賛や畏敬という価値を、また平均点を下回った点数には軽蔑や非難といった価値評価がくだされている．病気にならないように身体を管理することは、長寿のための必要条件である．また試験をパスするために、よりよい点数を得ようとする努力は、目標とすべき理想の状態である．このようにその人が社会的に望ましいとされている仕事や目標を、自分の能力と努力によって完全にやりとげることを業績 achievement という．私たちが新しく職場集団のメンバーとなるとき、集団のなかでそれぞれの役割を遂行できるかどうかで募集されたり、選抜されたりあるいは評価されたりする．そのための基準は性別や年齢などといった属性 ascription よりも、業績にもとづいているようだ．

目標を達成するために、努力や義務をはたしたり、困難に直面したときにねばり強くそれを克服しようとしたりするする欲求は、達成動機 achievement motive といわれる．達成動機は，高度産業社会で暮らす私たちにとって，規範的規則となっいる．

(2) 社会統制と規範

　個人や集団の行動が，凝集性をもち維持されている状態を想定してみよう．プライベートなつき合いから巨大な組織の一員にいたるまで，社会は人の行為を左右する規範と規則をもっている．規範や規則のはたらきは，人に同調をもとめることでコミュニケーションを調整し，逸脱にサンクションをあたえ，社会の安定化をはかるという社会統制の基盤となっている．サンクションは，社会的に認められている行為の基準に対する同調をあらわしている．これの機能をプラスとマイナスとしてみれば，期待に同調する行動は報われ，逸脱行動は罰せられる．またこの機能は，フォーマルな場面ではできるだけ自分を抑える行動として，インフォーマルな場面では誰かをののしったりすることにあらわれる．サンクションは表だったルールではないが，同調と逸脱に対して決定的に機能することがある．社会的相互作用のなかで，サンクションのもつ処罰性が確定していると，他方の行動の報酬はひろがる．したがってサンクションは効率的な活動とはどうあるべきかというのではなく，あらかじめ「報酬と処罰」を想定すれば，同調行動がもっともプラスになることに気づかせることにある．

　規範は，集団のメンバーに共有され，社会的に期待されている行動のことである．したがってそれは文化的に望ましく，かつ適切だと思われるようなことを内包している．規範のこのような特徴は，文化の核心である価値すなわち「望ましいこと」あるいは「〜すべし」という理想をあらわしているのである．これが社会化によって内面化されるならば，人は規範を意識しないですむようになるだろう．他方，規範が行動の指針となっているという意味では，規則とにかよっている．けれども規範は，規則のようにそれにふれる行動をしなければそれですむというサンクション的な位置を占めているのではない．というのも，おそらく私たちの実際の行動は，必ずしも規範どおりにはならないからで

ある．もしも行動が，実際の規範にもとづいて判断されるとするならば，多くの行動は逸脱行動だというふうになるかもしれない．つまるところ規範は外から同調行動を動機づけるので，社会規則と社会統制，および社会秩序の概念と深く結びついているのである．規範は私たちを拘束するだけではない．規範という回路をとおして，はじめて欲求が実現されるのである．

次に，規範を具体的に分類してみよう．

(a) 慣習 customs：慣習は，自分がいま生活している社会の思考や行動について，それをみちびく確固とした手段のことをいう．そのためにはまず参与観察をしなければならない．この方法は調査対象となっている社会集団の日常生活にみられる慣例的なことがらを直接観察し，それについて記述するのである．さらにそれによって慣例が語っているさまざまな規則を分析することで，くり返される行為のなかに文化のパターンを見つけることである．それによって慣習は文化の全体ないしは文化領域の特性を意味する．たとえば前者では「～したら笑われますよ」と注意されることによって「恥ずかしさ」を感じ，行動を規制する力となる．また後者では類似した文化のなかにあるものなかで，上方の文化と江戸の文化という対立を例としてあげることができよう．

(b) フォークウェイズとモーレス：フォークウェイズは，慣習に似た考え方である．社会は試行錯誤をくりかえし，その社会に合っていて，しかもそこでしかみられないような行動を発達させるからである．行動はくり返されることで，個人の習慣 habits と集団の慣習をつくりあげ，ひろく社会にうけいれられる．それがフォークウェイズである．またフォークウェイズは，なにが善悪なのかという道徳的要請をも具体的にあらわしている．その意味では，慣習よりもサンクションの程度が強い．

　モーレスは，社会のメンバーが確信をもって行動するさいの道徳的規則である．見方をかえれば，モーレスは道徳的規則からみて品位を維持する基準となるものといえよう．モーレスは行動をつよく規制する．す

なわちモーレスは道徳に違反することがらに対して，それを非難したり制裁する集団であり，それはまた法となるから，法的な行為によって処罰される．
(c) 道徳：行動の善悪，正不正，すべきこととすべきでないことなどに関しての基本的な規則であり，それをさらに意識的に判断し，評価し，指導すること．これが内面化されると良心となる．自然発生的な規則とは異なり，道徳は当為（目標とすべき理想の状態）を基準にしているので，モーレスにちかいものから実現のむつかしいものまでを含む．社会の結合に重要な要素として「盗むな・騙すな・殺すな」をまもることといわれるが，これは理想として私たちが目指すことがらである．
(d) 法：法は国家のように正当な権威によって打ち立てられたのであるから，国民のすべてに適用される規則である．法は成文化されているので，外在的であり，かつ物理的および心理的な強制力をともなっている．法は正義をあらわすことと，違反に対してさまざまな処罰をもってのぞむという，もっとも強い規範的側面をもつ．

2. 逸脱と無規範（アノミー）

(1) 逸　脱

逸脱は，ある種の行動や人々が生まれながらにもったものであり，非行や精神的に障害をもつ人，犯罪者など行動や人々の属性としてみなされてきた．初期の逸脱研究を代表するロンブローゾ（Lombroso, Cesare）は，社会病理の遺伝性あるいは生来性を主張した．ただしここでは彼の説である犯罪者という人のタイプをとりあげて犯罪者の本質に言いおよぶのではなく，その発生がもともと社会状況と社会システムに原因をもっていることをあきらかにすることにある．したがって逸脱は社会的逸脱と同じ意味で使われるのである．

逸脱は規範に背くことである．したがって逸脱とは次のようなものである．正統と思われる宗教に対しては異端が，法規範に対しては犯罪が，健康に対し

ては病気が，文化的な規範をまもっている人からすれば変わり者などが，それぞれ逸脱とみなされる．これらのことからわかるように，規範は社会状況のなかに必ずみられ，しかも一つの規範は広い範囲におよぶので，日常生活のあらゆる領域にはいりこんでいる．学校において，あるクラスに規範形成能力に低下がみられ，逸脱行動がおこったとする．規範的行動を期待されるクラスに逸脱行動が生じると，クラスの一人ひとりに緊張がはしる．あるいはその現実が，逸脱とみなされたとする．そうなるとクラスメイトのあいだで緊張処理がおこなわれる．これは必ずしも緊張をうまく収束させてもとのクラスのシステムにもどして安定させたり，またべつなシステムに移行するということではない．緊張処理の目的は，クラスメイトがそれぞれに下位集団（文化）をつくり，そのあいだで発生する規範が，それまでクラスを統合していた規範からすれば逸脱とみなされることにある．トマス（Thomas, William Isaac）の公理にしたがえば「ある状況を現実であるとみんなが定義すれば，それは結果として現実になる」のである．これにしたがえば，ある行為を逸脱であるとみんなが定義すれば，逸脱者がそれを認めようと認めまいとしても，それは結果として逸脱となるのである．

　次に，逸脱はスティグマ stigma という構成概念からも分析される．スティグマとはある時代の行動の集合体に与えられたラベルである．それは身体上の奇形，意志薄弱あるいは不正直者など道徳的な逸脱，あるいは人種などに貼りついて，逸脱である烙印を押すことと同じである．ラベルは規範の許容する範囲から価値を下げてしまうことであり，信用をそこなわせてしまうことであり，さらには集団から排除してしまうなど，否定的に機能するのである．私たちは，人が相手に対して手におえないような暴言を吐いたり，口を割らせるなどして，簡単に仲間を逸脱させてしまうような状況をしばしば目にする．たとえば身体のみた目がスリムでありたいという願望をもち，そうでないと笑われるという考えが支持されるとする．皆がスリムであるとき，一人だけそうでないとするならば，その人は肥満というラベルを貼られる labelling．あきらかにそれは否

定的な偏見に結びついている．

　規範への違反や，それによって構成されるスティグマの概念などは，両義的で変更可能なものである．社会変動の激しい現在にあっては，状況のいかんによって逸脱行動の範囲は柔軟性をもつようになるからである．つまり逸脱をめぐる規範やラベルを貼る過程は，時代あるいは場所ないしは特別な社会的な状況によって定義されるからである．したがって逸脱は相対的な構成概念であるといえる．

(2) アノミー

　規範と逸脱は，安定と不安定，秩序と無秩序というふうに対比される．社会を結合させている規範が欠落したり崩壊すると，混乱は避けられない．その結果，利害が生じ，それらの間の衝突はさけられなくなる．このように規範の解体によって，社会の結合は弱体化し，個人を無規制状態に陥らせることをアノミー anomie という．このもととなったアノミア anomia ということばは，古代ギリシアで用いられ，広まった．もともとは「変則」や「不規則」をあらわす類語の anomos を語源としており，意味は「法の不在」である．

　このような規範の無秩序や不安定な状態に注意をかたむけたのは，デュルケムである．彼によれば，社会は機械的連帯から有機的連帯へ移行する．この過程で，ふつう分業が増大し，有機的連帯による社会統合をうながす．しかし急激な経済成長は，それにつれて増加する個々人の差異化と専門化のペースを異常に高める．そのペースは，個々人をまもるための道徳の成長よりもはるかに速くすすむ．したがって大都会に集積する人口を分業の容積を増大させることで補いつづけることは，それと平行して増大する競争の密度を収めることになる．それゆえ有機的連帯にふさわしい規範（道徳）が確立されないかぎり，分業は異常で無規制的な病理的状態をさけられないことになる．だから分業によって出現し，進歩し，増大しつづける新しい生活で「必要なことは無規制状態をとめることであり，またバラバラのままの動きのなかでぶつかりあっている

あの諸器官を調和的に協同させる手段を発見することであり，悪の根源であるあの外在的不平等（契約にともなう不平等）をいよいよ減少させるさせることによって，諸器官の諸関係のうちにより多くの正義を導入すること」(『社会分業論』)なのである．

アノミーはさらに『自殺論』で，自殺の一つの原因として論じられる．デュルケムは自殺の定義を「死が，当人自身によってなされた積極的，消極的な行為から直接的，間接的に生じる結果であり，しかも，当人がその結果の生じうることを予測していた場合をすべて自殺と名づける」としている．かれは「社会的諸事実を物として考察する」という命題をたてる．そして自殺を個人的な心理や彼の道徳的な善悪の問題に原因があると解釈する立場を禁ずる．むしろ集団によって創りだされた信念や行動様式，すなわち制度が個人を自殺という結果にいたらせる．それゆえ個人と社会意識ないしは社会の目的との関係にもとづいて，自殺は分析されなければならないのである．デュルケムは自殺を次のように三つに類型化した．

（a）自己本位的自殺　このタイプの自殺は，個人が社会統合からささかズレており，また自殺を防ぐ集合的な強い影響力の下にもいないために生ずる．深い孤独や孤立を経験することは，自殺につながるばあいがある．デュルケムによれば，カトリックに比べてプロテスタントに自殺者が多いという統計を説明するとき，カトリックよりもプロテスタントのほうにはるかに自由検討が認められるからだという．自由検討とは，プロテスタントの中心思想で，聖書万能主義にもとづいてそれを解釈し，内面的な信仰を打ち立てるというものである．対してカトリックは聖書の解釈を許されず，聖典礼をはじめとして教会という社会制度によって信者の意識を支配する．

もう一つの例では，未婚者のほうが既婚者よりも自殺率が高いということである．既婚者は家族の二つの結合形態に拘束される．一つは契約と選択的な姻戚関係からうまれる夫婦関係によって，今一つは血縁関係によってである．つまり家族という制度においては，配偶者や子どもへの責任と情緒を欠くことは

できない．

　未婚者は責任と情緒の拘束という点では，家族集団より緩い．社会の統合が弱まると，生きる理由をみつけることもむつかしくなる．孤立や孤独は社会的人間としての生活を稀薄にさせ，ついにはただ生きる存在となってしまう可能性を生みだす．

　(b) **集団本位的自殺**　個人が社会の期待に過剰に応えようとする場合がある．このタイプは，自分の人生すら放棄し犠牲にすることを自らに課したり，そうすることによって自らを励ましたりする．こうした利他主義的といえる行為は，犠牲そのものを肯定する．規範への完全な同調はそれをすべて受け入れることであるから，集団と私は同一なのである．集団への同調がロイヤリティにまで高められると，生の存在理由は外部にもとめられることになる．没個性的ともいわれる行為の結果の一つは，英雄的自殺といわれる犠牲の形をつくる．未開社会の集団本位の規範は，しばしばこのような自殺を引き起こす．

　(c) **アノミー的自殺**　有機的なつながりにもとづく社会がその規模を拡大させていく過程では，経済の景気循環も不況，好況，回復（安定期）という波をくりかえす．そこにおいて人の向上心をささえる欲望や野心は，かぎりなく肥大する．経済の安定期には欲望や野心は，社会的に規制されている．しかし経済が破綻すると，社会的地位の急落をまねく．そうなると人は自制をもとめられることとなるので，これまでの向上心を支えてきた尺度は通用しなくなる．それに替わる尺度が確立されるまで，道徳的基準は混乱する．人はすべての規制が欠如するという状態におかれ，何に対しても「見境なく欲望をむける」ようになる．欲望と野心は羨望と嫉妬にかわり，さらにその度合いを強めていく．これは単なる一過性のものではない．というのも産業化は，宗教のもつ「聖なる」ものの規範を世俗化させ，影響力を失わせたからである．そうなると有機的連帯の均衡をもたらすはずだった産業化は，それ自体を目的とすることになる．これによって，個人の欲望は「物質的幸福の神格化」をめざしてあらゆる権威から解放されてしまい，価値観の最上位にのぼりつめる．欲望は実現され

ると，すぐさま次のあらたな欲望をもとめるものである．このような欲望の未来志向は，「いつかはむなしいことと感じられるようになるので，つのる疲労は，それだけでも幻滅をまねく」ことになる．自殺は，こうした規制の失われた状態が個人に苦悩をもたらしたばあいに生ずることもある．これをアノミー的自殺という．

デュルケムは，このように外部から人々を拘束する規範に焦点をあて，その機能を分析した．しかし規範が内面化されたときのはたらきや，コミュニケーションをとおしての規範の形成については言及していない．

(3) アノミーの類型論

マートン（Merton, Robert King）は，アノミーを心理学の視点から無意味で無秩序な状態としてみることからは，少し距離をとっている．彼の論究の一つはアメリカ社会の社会構造と文化的価値がその社会の人々に限られた圧力を加えて，どのように同調を強いているかということであった．ひるがえってその方法は，社会構造と文化的価値から離脱したり，それを否定したりする逸脱行動が，なぜ生じるのかということについての説明ともなるのである．丸太小屋からホワイトハウスへの階段をかけのぼるというアメリカン・ドリームに象徴されるように，アメリカ社会は開かれた社会といわれる．したがって社会移動において他の国と比較しても，かなりの程度の上昇移動が可能となる．しかも上昇移動には金銭的報酬が相応している．そのために，業績を打ち立てるためのスタートラインとして，教育の最終到達点を定め，それをクリアしなければならない．ただし勤勉という正当な構造的手段をとることと，経済的成功を勝ちえるという文化目標は区別されなければならない．

マートンのいうアメリカ社会の価値体系をみると，第一にこの国で成功しようとするすべての人は，たゆまぬ努力を創りだしつづけなければならない．「失敗は成功の母」であるという格言のとおり，理想のレベルを下げたり，それを諦めたりしてはいけないのである．この目標を保障する規範的な手段のお

よぶ範囲は、おおよそ決められている。これに対して成功の象徴は、経済的資源をより多く獲得することにある。ただし配分されるパイの大きさは、望みどおりに拡大してはくれない。とすれば目標を達成する過程を正当に水路づけている手段は、しばしば軽視されがちになる。この社会の経済的資源の構造は、ある特権的な集団なり階級なりに、より多くの成功の機会を可能にする傾向にあるからだ。これによって特権にあずかれない人たちは、ぬぐいきれない相対的価値剥奪の印象をもつことになる。それが、さまざまな逸脱行動のタイプとなって表れる。逸脱行動は成功をはばまれた人にとって、望ましい目的を達成するもう一つの手段となる。つまりアノミーは、文化的目標と制度的手段の分裂として発生することになるのだ。マートンはそれらを図表3－1のように分類した。

経済的成功を文化目標とする、社会を想定しながらⅠ～Ⅴのアノミーの類型をみよう。

第一は目標を実現するために、社会的に正当とみなされている手段をうけいれるタイプである。同調とは、個人の信念がどのようなものであれ、行動を規範に従わせようとする力のことである。同調行動は、「自然である」とか「慣例に従う」「受け入れる」、「ふつうである」という表現に置き換えるこができる行動のことである。成功のための不正は少なくなり、社会の安定

図表3－1　個人的適応様式の類型論

適応様式	文化的目標	制度的手段
Ⅰ　同　調	＋	＋
Ⅱ　革　新	＋	－
Ⅲ　儀礼主義	－	＋
Ⅳ　逃避主義	－	－
Ⅴ　反　抗	±	±

＋:「承認」　－:「拒否」　±:「一般におこなわれている価値の拒否と新しい価値の代替」

出所）マートン『社会理論と社会構造』みすず書房　1961年　p.129より作成

度は高くなる（Ⅰ）．都市化や産業化，あるいは分業の発達による専門化および組織化などは，人々に強い同調行動をうながす．

第二は，「カネ儲けのためには，手段を選ばず」というような抜け目のないタイプである．詐欺行為は，その典型的な事例の一つである．アメリカン・ドリームといえども，パイのサイズは限られているのだから，成功への競争は激烈なものとなる．誰もが目標達成できるとはかぎらない．そこで非合法的な行動をとることによって，成功を収めたいと思う人もでてくるだろう．非行や犯罪はこれに対する，あからさまな行動といえよう．もちろん制度的手段からみれば，あきらかに逸脱行動であることに間違いないのである（Ⅱ）．一攫千金を手にした人は，目標と手段のあいだの矛盾を指摘する（「他人と同じことをしていては経済的成功はおぼつかない」など）．この矛盾は，社会構造によって生みだされたものである．にもかかわらず競争社会では，個人の努力の不足が指摘されることによって，逸脱行動をつくる．日常生活のなかでも，仕事（目標）を上手におこなうコツを体得して，効率よく仕事を処理していく人のことを「要領のいい人」という．しかし仕事に対して無責任であったり，しなければならない仕事を人に押しつけたりして効率をあげようとしている人は，周囲から要領がいいとはみられず，むしろ「ずるい」人という印象をあたえることになりかねない．

これとは対照的に，「謙虚」，「受け身」，「冒険をしない」など，激しい競争につきまとう危険や，それによって生ずる欲求不満から，まえもって逃避しようとする態度がある．経済的成功をおさめたいのだが，それを放棄して慣例に従おうというものである．官僚制の病理的側面として引き合いにだされる規則万能主義，事無かれ主義，慇懃無礼などは，組織の歯車になりきろうとするときにあらわれる否定的な自己表現である（Ⅲ）．しかし，雇用する側からすれば，組織にもっともふさわしい適応者であり，人格円満な共同作業者と評価されるかもしれないのである．

同調行動と対照的なのは逃避主義である（Ⅳ）．精神的に障害をもつ人，強

度のアルコール依存症，浮浪者など規範を守ることを拒否するか，守ろうにもその能力のない人たちがこれに分類される．また目標も手段もわきまえて強烈な向上心をもっているにもかかわらず，目標が高すぎて手段を守るだけではそれを実現できないことがある．そのとき，不当な手段を選択してでも目標を実現すべきかどうか葛藤することがある．達成的価値を認めている現代社会では，誰もがこの葛藤を多かれ少なかれ経験している．それを避けるためには，まず実現不可能な目標のレベルを下げなければならない．しかしこれに対処できなければ，アノミー状態に陥る．しかも非合法的手段に訴えたとしても目標を実現できないとき，敗北は倍加する．

　最後は反抗である（Ⅴ）．この適応様式は，新たな社会構造を実現しようとする人によくあるタイプだ．したがって反抗者にとって，社会的に認められている目標や価値は意味をなさず，かといって新たな社会構造の実現ということからは無規範とみなされ，最終的に孤立してしまう．また反抗とルサンチマンは，区別されなければならない．相対的価値剥奪状態におかれると，人はそれをつくりだしている社会構造へ関心をもち，それに抗しようとする．しかし今日では技術革新とそれにともなう消費の高度化，あるいは娯楽中心のマス・メディアなどがつくりだす複雑な社会状況のもとに私たちはおかれている．イデオロギーの分散にともない，それに対抗する方向性も拡散し，政治的無関心という病理的な側面が出現している．

　マートンのアノミー論は，アメリカという競争社会において，あらゆる階層に共有された経済的成功という文化的目標と，それを達成するための制度的手段の「機会」のあいだの不統合を類型化することであった．そして不統合による構造的緊張が，逸脱行動をひきおこすのである．

3. ラベリング理論

(1) ラベリング

ラベルを貼るということ　「喬木は風に折らる」という諺がある．何ごとにお

いても，ほかの人よりも目立つ人は，まわりから憎まれたりひがまれたりするという喩えである．そうした状況におかれると，ふつう人は必要なとき以外はひんぱんに自分の能力をひけらかしたり，特別な存在であることをみせつけたりはしなくなるだろう．

　逸脱者は，これに似ている．たとえばエステティックで「痩身」がもてはやされて大多数の支持をえると，「肥満」は少数者ゆえにマイナスとなる．肥満は生活習慣病を誘発するという医学的根拠はさほどかえりみられず，その人との「出会い」によってみた目の価値判断に転化してしまうことの方が多い．人はまず「痩身が多数で，肥満が少数」という統計的数値にひきつけられる．しかし，この数値のもつ意味の解釈にも人は目をむけるのである．人が「太め」を気にするのは，数値よりも「みた目」という意味づけについてであることがしばしばである．しかも「太っている」身体を「痩せている」身体よりも劣位におくと，それからのその人の行動や行動の結果は，肥満にくだされた意味によって規定されるのである．「太めの人はみんなよりも機敏でない，だから一緒に運動するのがいやだ」といった，否定的判断がついてまわることになるかもしれない．

　ここでは「太め」＝マイナス，「痩せ」＝プラスという二つの入れ物（役割）をつくって，人をどちらかに入れてしまうという判断がおこなわれている．もしも人々がこうした価値判断＝決めつけにしたがって行為すると，従わなければおこらなかったはずの状況が実現してしまうのである．これを予期的社会化（預言の自己成就）anticipatory socialization という．スリムな人は，スリムであり続ける努力をし，それにふさわしい行動をとるようになる．その延長線のうえには「スリムは有能で，ファットは無能」という社会的不公平のみならず差別につながる心理もかもしだされると思われる．競争の激しいビジネスの社会では，このようなラベルは自己管理に対してマイナスの意味としてはたらき，さらに職務の能力にまで価値評価の範囲をひろげる．

　本来，個性とは，他者と区別されるその人に固有の性質であるはずなのだ．

第3章 社会的逸脱

しかし二つのカテゴリーを設定して決めつけてしまうことは，それによって個性にマイナスの偏見のラベルを貼ることになる．しかもラベリングは二つの過程を経て逸脱を増幅させる．

第一次的逸脱は，どちらかといえばささいな違反行為ゆえにそれほど重要ではなく，すぐに忘れてしまうような差異としてあらわれる．ただ違反行為が発覚しなかったからといって，自分を罰しないわけではない．すべての違反者には適用されないが，自分に違反のラベルを貼り何らかの方法で償おうとすることはありうる．しかし第二次逸脱は，第一次的逸脱に社会が反応して生みだした逸脱行動である．ささいな逸脱行動や気まぐれで約束を破ってしまうという態度が，社会に巻き込まれてしまうと，ライフスタイルそのものが逸脱として受け入れられてしまうのである．しかもいったん貼られたラベルは，その人の全人格を否定してしまうように機能してしまうことさえある．たとえば犯罪者が逮捕されたとき，それをきっかけに彼の社会参加と自己像は決定的に変化する．とりわけ彼をみる他者のまなざしは，彼にアイデンティティの変容をせまるであろう．かれは他者による狭量になった「まなざし」に耐えつづけなければならない．あるいは「そうとしてしか」生活する方法をみいだせなくなってしまうかもしれないのである．

ベッカーによれば「社会集団は，これを犯せば逸脱となるような規則をもうけ，それを特定の人びとに適用し，彼らにアウトサイダーのレッテルを貼ることによって，逸脱を生みだす」という．この立場にたてば，逸脱はその人の行為の性質にではなく，規則の適用の結果逸脱とみなされるのである．社会があるタイプの行動を逸脱であると定義すれば，行為者が否定しようとするまいと関係なく，逸脱者としてラベルを貼られてしまうのである．ちなみに競技のためになみはずれた体重を要するスポーツ選手は，肥満をマイナスとするラベルを貼られることはあまりない．

ここで，ベッカーの逸脱行動の分類をみておこう．

このうち同調行動と正真正銘の逸脱行動については，逸脱についての両極を

図表3-2　逸脱行動の類型

	順応的行動	規則違反行動
逸脱と認定された行動	誤って告発された行動	正真正銘の逸脱
逸脱と認定されない行動	同調行動	隠れた逸脱

出所）ベッカー『アウトサイダーズ』新泉社　1978年　p.31より

なしており，これまでふれてきたところである．しかし誤って告発される行動がある．事実がないのにあらぬ噂をたてられる場合がこれである．裁判での「えん罪」は，訴訟手続きや証拠資料などによって告発された人は保護される．しかし日常生活のなかでは「あらぬ噂」を立てられる場面に，しばしば出会うのである．これと対極的にある「隠れた逸脱」は，不正行為をしている当人に誰も気がついていないし，規則違反に対しての反応もおこらない．たとえば未成年の飲酒や喫煙はあきらかに法律に違反しているが，これに対する人々の反応はどうだろうか．

　ところでこれらラベルを貼られた側からみれば，規則違反者となったことで，彼らは当の規則をつくった人たちでもあるといえる．患者は健康維持のために，もっとも強い安心感を与えてくれる医師を思いのままに選ぶ権利がある．ところが医師の立場にたてば，次々と医師を変えることは彼を信頼していない気まぐれな患者ということになろう．患者の見通しからすれば，健康を維持して安心感を与えてくれる医師の治療を受けるという規則をつくり，それを利害関心の基盤にしている．しかも医師に対する患者の利害は，国家資格に合格したという信頼感にもとづいている．だからこそ患者は，それをたよりにより強い安心感をあたえてくれる医師を探すのである．

　さて，マートンにみられるように，社会には秩序を維持する基軸的価値があ

る．したがって逸脱は社会的原因によるものとされてきた．だから逸脱に対しては社会化のエージェントや社会統制機関の制度のゆらぎを正し，そして逸脱者を社会の中心的価値にもどすような再社会化の強化（懲罰・治療・矯正など）を施すべきなのである．それによってより強固な規範体系が確立し，逸脱を減少させることができるというのである．これに対して，ラベリング理論はそれを重要と認めつつも，社会が「どんな人であるか」（帰属本位）よりも「なにをする（できる）人か」（業績本位）に重点をおいている限り，逸脱という負の分類はなくならないという認識にたっている．

(2) ラベリングのプロセス

サムナー（Sumner, William Graham）は，未開社会の集団を内集団と外集団に分類した．前者を「われわれ集団」といい，メンバーは強い帰属的意識でむすばれ，平和的な交流関係をたもっている．内集団からみれば後者は「よそもの集団」である．両集団が相互の協約にもとづいた関係をたもてないとき，内集団にとっては敵意や闘争の集団となる．

このような敵意や闘争は，個人レベルの内面的攻撃性にも結びついている．欲求不満はしばしば敵対的衝動の原因となる．それが高まるにつれて，まわりを見る本人の視野はいらだちゆえに狭められる．それに情動の強さがくわわると，対象をマイナスとみてしまいがちになる．スポーツ観戦をしていて，支持しているチームが負けたとする．すると勝ってほしいから応援するという自分の動機や特性を，相手チームをねたむことによって，支持しているチームの負けた理由を相手チームのせいにするということはよくある．つまり私の支持するチームが負けたことはわかっているが，相手チームを悪くいうことでうっぷんを晴らすのである．日常生活の対人関係のなかでも，私たちはしばしばこうした体験をする．これは防衛機制のうち投射といい，そのうちこうした心理のメカニズムを外罰性という．欲求不満の経験をひたすら自分のせいだとする内罰性とは対照的である．外罰性は，相手のアリバイをもとめ，自分の失敗や誤

りを相手のせいにすることで，気分を晴らすのである．身体に蓄積されている行き場を失った緊張と欲求不満は，それによって解放される．それとともに彼は自尊心を回復できるのである．すなわち悪いのは他人であり，自分に責任はないとする防衛機制がはたらくのである．ある事態が自分に不利であるとわかったとき，それを合理的で客観的に解決する方法をさがすのだが，他人を責める傾向は，しばしば自分のなかにある欠点を正視できなくしている．だからこそ外部への攻撃性となってあらわれるのである．ラベルを貼られた人は，攻撃をする人の身代わりとなる．身代わりにされることは，他者の罪をかぶることであり，とがめられたり罰せられたりすることである．

ダグラス（Douglas, Tew Mary）は「汚穢」に注目し，汚穢の無秩序性をとりあげる．ただしそれは絶対的に孤立して存在するものではなく，「われわれの目のなかに存在」するのである．つまり汚穢は秩序に対しての無秩序として，関係性のなかにその意味をもってあらわれる．したがってそれを排除することは，個人や集団の経験を統一することなのである．ダグラスは，『聖書』のなかにそれをみる．排除の論理に近い例をそこから引いてみよう．

「こうして聖所と会見の幕屋と祭壇のために，あがないをなしおえたとき，かの生きている山羊をひいてこなければならない．そしてアロンは，その生きている山羊の頭に両手をおき，イスラエルの人のもろもろの悪と，もろもろのとが（科），すなわち彼らのもろもろの罪をその上に告白し，これを山羊の頭にのせ，定めておいた人の手によって，これを荒野に送らなければならない．こうして山羊は彼らのもろもろの悪をになって，人里離れた地に行くであろうすなわち，その山羊を荒野に送らなければならない．」（『レヴィ記』16章）

イスラエル人のなかでは，糧となる牛・らくだ・羊・山羊などは浄らかなものであり，それゆえ欠陥もなく，病気をもたないとされている動物である．それゆえに犠牲となる山羊は，すぐれた動物あるいは聖なる動物とよばれている．一方，神の受託者である高僧アロンは，聖なる世界と俗なる世界を自分のなかで結びつけている．そのアロンの手からイスラエル人の悪やとがが象徴的に山

羊に転位される．そして山羊は人々の清浄感や無罪という幸福のために，静かに犠牲に供せられるのである．このように集団の連帯性や道徳性を確認するために犠牲となる対象を，スケープ・ゴートという．

　スケープ・ゴートのように集団の犠牲になる現象について，犠牲者が傷つくという観点からすれば，排除を禁止するという価値判断には異論の余地はない．ただここでは集団の排除がどのような過程で成立しているのか，またどのように成立したかということを問うだけである．それはデュルケムの犯罪論やラベリング理論で展開される．デュルケムは，スケープ・ゴートを産みだすメカニズムを，現代の犯罪をはじめとする逸脱として避けられない現象であるとする．犯罪行為は有害な行為であることは自明である．だから有害な行為を防止するための法律がつくられる．その法律はまず義務を規定し，のちに制裁を規定する．ここでは違反行為への処罰よりも先に，違反した当人に将来おこりうる事態が何であるかを問題にしている．義務も制裁もある社会の成員に平均的で共通する一定の感情の総体である．これを集合意識という．したがってある行為が集合意識を侵すとき，犯罪となる．犯罪は集合意識との対立であり，「この対立こそが犯罪を形成するのであって，この対立が犯罪を生ずるなどということはない」(『社会分業論』)のである．人々の逸脱行動は集合意識をそこなうから逸脱なのであり，逸脱行動だから集合意識を傷つけるのではない．つまりトマスの公理にあったようにデュルケムは「ある行為は，社会によって排斥されるからこそ，社会的に悪なのだ」(前掲書)といいきっている．

　デュルケムによれば，逸脱は健全な社会にとっての必要悪だという．社会から逸脱を全滅させることはできないからである．逸脱が行われないようになるためには，逸脱によって引き起こされる感情をかき消す感情となる集合表象を，個人の意識のなかに定着させなければならない．しかしたとえこうしてある種の逸脱を消滅させても，それゆえにあらたな逸脱を生じさせる可能性がある．集合意識は個人的意識から独立した社会の心理的類型であるとはいえ，両者とも時代の条件によって規定される．したがって文化の秩序や制度をつくりだし

たり維持したりするためには，社会的にスケープゴートの機能が必要なのである．先の宗教的儀礼では，演劇的かつ祝祭的な再現をする．それによって禁止された欲求不満を一時的に解消させるのである．その意味で，儀礼はシステムを安定させる装置としてはたらいているのである．

現代でも，たとえば交通違反の取り締まりは，違反という過去の事実を処罰するだけではない．将来にわたってくり返されないように交通ルール（秩序）を守る意味もこめられている．だが罰金を払うという儀礼的行為によって，ルールはつねに侵犯される．貨幣には支払手段という機能があるからだ．そしてまた，それをうけて新たに禁止がつくられる．したがって現代社会ではルールの侵犯と禁止の制定は同時におこなわれるのである．たとえば将来の違反を先取りした運転者の集合意識のあいだには，それに対抗するような違反探知の技術を開発させることも考えられるのである．さらにそれを取り締まる側の技術開発が進む，といったように．

(3) スティグマ

スティグマとは，ギリシャ語で肉体上の徴を表す．徴は内集団の道徳意識からはずれていることに対して刻印される．したがって徴をもつ奴隷や犯罪者などは，集団の周辺に置かれたのである．

私たちもまた，日々出会う人々を性格や職業など社会的アイデンティティというカテゴリーに分類している．このカテゴリーは，私たちに相手の行動を予測させ，それを求められれば相手が明らかにできるものである．たとえば誰もが認めるような社会的地位の高い職業についている人が，アルコール依存症（以下「依存症」と略）だったとする．社会的地位の高さと依存症という属性は，他者に対してこれら二つが乖離していることを印象づける．ここで当人の依存症が進行して対人関係や仕事に支障をきたしたとすれば，社会的地位を評価されるよりも，依存症ゆえに信頼を失ってしまうか，やがて信頼を失うであろう．なぜなら依存症は酒に強いというよりも，病気というスティグマを押されるか

らである．これはその人の属性よりも，依存症の人（異常）とそうでない人（正常），という関係を表現している．私たちはよく「それさえなければあの人はふつうの人なんだけど」ということがある．「それさえ」というのはスティグマをもっているということだ．スティグマは，身体の奇形や個人の性格，人種や民族などの集団に印される．それは人の目を引きつけたり，目をそむけさせたり，それゆえに無視されるような性質のものだからである．

　スティグマをもつ人は，客観的とみなされている基準にそって，それを矯正しようとする．依存症の人が断酒会へ入会したり病院で治療をうけたりして，禁酒を実現する過程がそれである．またスティグマというハンディキャップを利用して，それ以外の理由から生じた失敗をスティグマのせいにする．同情されることを拒む身障者は，この逆のケースといえよう．さらには経験した苦しみを人生の糧とする場合がある．ハンディキャップをもつ人がそれをとおして成長し，克服したとき，その経験を出版物にするということなどがそれである．ハンディキャップをもつ人は，その人として生きていくために，舞台にたった演技者のように他者に与える印象を操作しなければならない．

　スティグマをもつ人は，それをもたない人の視点から自分をみることを学ぶ．この過程はモラル・キャリアといわれる．一つは世間の人々が信頼しつつ依りどころとしているアイデンティティからみて，自分のもつスティグマがどのような意味づけをあたえられているのかを知ることである．他方では彼がスティグマをもつゆえにおこる事態を，詳しく知ることである．モラル・キャリアには四つのパターンがある．第一に生まれながらにスティグマをもつ人（孤児のようなばあい）は，不利な状況へと社会化されつつも，満たされない状態（両親の健在する人）を学ぶことができる．次に児童期に家族や近隣から守られているという経験は，しばしば自分を自立した社会人であると思いこんでしまいがちになる．しかし，家族や近隣から離れてみると，多様な人々のあいだで「裸の自分」を経験せざるをえない．ここでスティグマを自覚するのである．彼が仲間だと思っていたのは自立した社会人ではなく，家族や近隣だったので

ある．スティグマは潜伏し，思春期にふたたびあらわれることもある．第三は人生の半ばでスティグマをもつようになった人である．先の例でいうならば，アルコール依存症を患っている人と，不正直者として滅多に信用されたことのない人である．とりわけ不正直者といわれる人は，そういう人を見聞きする機会があったはずである．それにもかかわらずそのように烙印を押されると，皆と一緒にやっていくには不正直者であることを認識せざるをえず，さらには自己嫌悪におちいる可能性もでてくるであろう．第四は，社会化されて身についたライフスタイルを捨て，もう一度べつなライフスタイルを身につけなければならないという場合である．

　人生の途上で新たなスティグマをもつと，以前の気まずさに新たな気まずさが取ってかわる．そして今の気まずさのなかを生きることは，以前の仲間からはかつてのような扱いをされなくなることを意味する．したがって，一度スティグマをもつと，「ふつう」に戻るために長い努力が必要となるのである．

(4) よそ者 stranger

　ここまで逸脱する側と逸脱をつくりだす側の関係を，逸脱をつくりだす側からおもにみてきた．つまり特定の集団を想定し，逸脱が集団の価値から離脱し，そこから心理的に排除されるメカニズムをみてきた．逸脱者は，集団の中心的価値への野心や向上心を阻害されたことによって，その解決法を探すべつな価値をつくりだす．そのときに下位文化 subculture がうまれる．下位文化は全体文化を構成しているシンボルや価値あるいは信念などと対立しつつ，それらを取り入れることで成り立っている．とりわけ青年文化は全体文化の規範と対立することがあり，離脱する部分を逸脱的下位文化 deviant subculture といっている．

　それではある集団から解放されて，べつな集団へ定着し，さらに移動するという人を取り上げてみよう．ジンメルはそれをよそ者といった．交換経済の発達とともにあらわれた集団のあいだを移動する商人がその典型である．商人は

放浪者とちがい,「今日訪れて明日もとどまる者」であるから,外集団と内集団の両方に所属している．しかも内集団での地位は低いものの,その分だけ外部の集団との対立をふくむから,どちらの集団にも全面的に所属していない．この移動性ゆえに,定着者にはなれない．なぜなら移動性は,商人が生きるために不可欠の手段であったからである．それゆえ商人は移動するさきの集団に「近すぎず離れすぎず」の関係をたもつ．距離化というこの考え方は,集団との距離をつくりだしなおかつその距離をある一定の範囲にとどめておくということである．それはよそ者が文化的にマージナルな位置にありながら,全体文化に対して客観性と自由をもち,よそ者でありながら同時に当該の全体文化に最大公約数的にかかわっていく可能性を意味しているのである．

　集団に対してそうした関係をとれるようにさせるものが,貨幣にほかならない．商人が集団と一定の距離をとれるのは貨幣があるからなのだ．貨幣はモノでありつつモノではなく,現実をイメージさせる手段でもある．貨幣は計算による操作を必然的にもちこむので,ルーティン化した交換関係をこえ,あらたな出来事を再現させる．それによって貨幣は数量の価値尺度を定着させ,商人と集団と互いの交易相手を変えていくかもしれないのである．貨幣はまた人の意識も,距離化する．この場合は心理的距離といわれるのである．貨幣経済の全般的に浸透している大都市では,知性と貨幣によって生活が組み立てられている．この生活様式を客観性とよぶならば,人は自分だけの気まぐれだけでは生活できないことを知るようになる．したがってひとの意識のなかには,関係の限界とそれゆえの慎みをもたらす．

　おなじみのメディアのなかによそ者のモデルをみつけるとすれば,映画『男はつらいよ』の「寅さん」であろう．露天商の厳しい現実からすれば,彼のような存在は「現実にはあり得ない人物」であり,フィクションそのものの世界を生きている人である．しかしフィクションとして仕立てられた「寅さん」のテーマの一つは,旅をする人である．旅先ではしっかりした生活基盤をもつ人たちに対する旅人として,またよそ者として彼は出会う．その生き方は,定住

者から「うらやましがられる」と同時に「あんな人になってはいけない」ものである．そこで旅先で，一緒に物語をすすめる女性（マドンナ）に出会う．彼女たちは再婚や恋愛のもつれ，経済的自立などさまざまな問題をかかえている．現実にはこうした問題はありふれたものであるから，「寅さん」が実際つくっている関係は，抽象的である．女性の相談にはのるが，決して彼がひとりで解決することはない．問題を解決するのは，つねに女性である．ここでは出会いのときの距離化が物語のおわりまで持続される．つまり生活力のある逞しい女性が，「駄目な遊び人」の寅さんにうつしだされ，それが潔癖さをつくっているのである．相手の幸福を願いつつも，その幸福を共有したりはしないで，二人の関係を「いつかどこかでまた同じように会おう」という台詞で保存するから，彼はいつのまにか誠実な人になってしまっているのである．

よそ者がよそ者であるための資格は，そのように演じられるのである．地域社会の共通性は内部を基準にしているので，旅人にとってそれは特殊的であることにかわりなく，ある緊張の関係がたかまる．だからこそ両者の最大公約数は誠実さという糸でむすばれていなければならないのである．

よそ者の内面は，人間関係の希薄化や孤立状態，内的な緊張と葛藤など一貫した行動様式に欠ける（だから「つらい」のである）．都市化された社会では，だれもがよそ者の世界を経験する．そして，よそ者的であることは，社交性を洗練させるきっかけともなる．それは相手に伝える情報内容よりも，伝える形式そのことを目的とするコミュニケーションのあり方である．消費生活の高度化が進展している現代において，感情の表現方法として，よそ者の社交性が注目される．

【引用および参考文献】
ベッカー,H.S.（村上直之訳）『アウトサイダーズ』新泉社　1978
ダグラス,M.（塚本利明訳）『汚穢と禁忌』思潮社　1985
デュルケム,É.（田原音和訳）『社会分業論』青木書店　1971
デュルケム,É.（田辺寿利訳）『社会学的方法の基準 改訂版』有隣堂出版　1966

（同名で宮島喬訳　岩波文庫　1978）
デュルケム,É.（宮島喬訳）『自殺論』中公文庫　1985
ゴフマン,É.（石黒毅訳）『スティグマの社会学』せりか書房　1973
宝月　誠編『講座社会学10　逸脱』東京大学出版会　1999
今村仁司『排除の構造』青土社　1989
今村仁司『貨幣とは何だろうか』ちくま新書　1994
岩井弘融『社会学講座16　社会病理学』東京大学出版会　1973
マートン,R.K.（森東吾・森好夫・金沢実・中島竜太郎訳）『社会理論と社会構造』み
　すず書房　1961
ムーア,W.E.（松原洋三訳）『社会変動』至誠堂　1968
なだいなだ『アルコール問答』岩波新書　1998
大村英昭『非行の社会学』世界思想社　1980
オルポート,G.W.（原谷達夫・野村 昭共訳）『偏見の心理』培風館　1961
佐藤忠男『みんなの寅さん』朝日新聞社　1988
ジンメル,G.（元浜晴海・居安正・向井守訳）『貨幣の哲学　ジンメル著作集２・３』
　白水社　1978
ジンメル,G.（居安正訳）『秘密の社会学』世界思想社　1979
ジオラ・ショーハブ,S.＆ジオラ・ラハーブ（藤田弘人・神戸博一訳）『犯罪と逸脱の
　スティグマ（烙印）理論』文化書房博文社　1998

第4章　消費と情報化

1. 消費ということ

(1) 消費と消費者

　消費とは，生産された財やサービスを使い切ってなくしてしまうことである．あらゆる商品は貨幣との交換過程をへて，最終目的地に着くとその価値をしだいに失っていく．たとえば食料品は，私たちに消費されることによって価値を失っていく．衣食住のすべてにわたって私たちがモノを使いきってなくしてしまうのは，生活することをとおして，私たちの身体＝生命を再生産するためである．

　ところで消費する人 consumer は，19世紀に広く知られるようになったことばである．それまでも生産者と消費者のあいだでモノの売買はおこなわれていた．しかしモノを買って消費する人に相当する人は，顧客 customer ないしは使用者 user といわれていた．顧客は，一人の売り手から，定期的にかつ長期的にモノを買う人という一対一の売買関係をさしていた．12～14世紀の同職のギルドが，夜業や日曜・祭日の仕事を禁止したり，価格を協定したり，さらには広告などの方法で顧客を奪い合うことを禁じたりしたのは，消費する人たちとの関係を大切に守っていたからである．この関係は中世都市にきずかれた共同体の人間関係の典型である．その後産業革命が始まり19世紀後半までに，生産や輸送の機械化が飛躍的に進んだ．それにともなって消費は，時間や場所をまとめて一緒に取るとか，占めるという含みをもつことばになった．消費者は生産者から切り離された集合として，効用関数や選好であらわされる嗜好と貨幣所得にうらづけられた人となったのである．したがって消費者は，買う人とおなじ意味をもつようになった．

(2) 『ミドゥルタウン』と消費者の世界

現在，消費は高い水準にあり，生産の量および質を拡大させている．経済成長が高度にすすみ，生産と消費が成熟した社会を，高度産業社会という．その原型は，1920年代のアメリカで確立した生活様式にまでさかのぼることができる．高度産業社会が本格的に展開されるのは，1960年代になってからである．さらに19世紀の後半以降のアメリカでは，アメリカ式製造法 American system manufactures が広く普及した．それは互換部品方式や専用工作機械の導入などの機械化によって，規格化製品の大量生産方式のことをさすのである．この方式は，労働力の不足をおぎない，ギルド職人層と手を切り，均質的な生活様式によって需要を増す新中間層をはじめとする大衆の存在をつくりだすなど，生活を一変させた．

リンド夫妻（Lynd,R. & Lynd,H. R.）は，この方式によって変化した消費生活を『ミドゥルタウン』(1929) で述べている．リンド夫妻は消費をまって成立する余暇生活にもっとも影響を与えたメディアとして，ラジオと自動車をあげている．たとえばこの町の人たちがラジオとレコードプレイヤーで音楽を聴くようになると，音楽のレッスンを受けたり演奏をたしなむ習慣をなくしてしまった．読書の時間はラジオをきく時間にかわった．また自動車が，それまでの主要な交通手段であった馬よりもはるかに人々の行動範囲を広げた．これによって親がいつも子どもの居場所を知る，ということができなくなった．しかも食費を切りつめてまでも，自動車の利便性が追求されるようになった．こうしてラジオも自動車も，家族が一緒にいる機会を減らしていったのである．これを支える生活費獲得の理由は，「それ（生活費）に内在しているはずの満足賦与的役割よりもむしろ生きるための手段としての役割と結びつく傾向」にある．ここでは労働という行為が生きがいや喜びを感じるというよりも，必要にせまられてなされる行為であるという認識にたっしている．

『ミドゥルタウン』で指摘された消費生活から半世紀を経過した現在，「豊かさ」は拡大しつづけている．これまでの期間に，個人は自分の意志を自由にあ

やつる存在であることに最も高い価値をおくようになった．その一方で，この価値によって個人が拘束されることにも配慮しなければならないことも，つけくわえておかなければならない．いずれにしても「パンとサーカス」は，大量生産されることによって効用の次元を経過し，文化としての意味をになうまでになっている．

（3） 消費の儀礼性

消費者が，財やサービスから得る満足を効用という．効用は，生命の再生産に不可欠である．しかし消費は消費そのものを目的とした，いわば非生産的消費でもある．この非生産的消費こそ，文化を形成するうえで見のがすことのできない行動なのだ．これをモース（Mauss, Marcel）のいうポトラッチのなかにさぐってみよう．ポトラッチは，「食物を供給する」とか「消費する」という意味をもち，氏族や部族あるいは家族など，集団のあいだでおこなわれる贈答関係である．贈答の対象となるものは，財産や富という経済的に有用なものだけではない．礼儀や饗宴，儀式，祭礼などもその対象となるのである．そして重要なことはポトラッチが単に取り引きを意味するだけではなく，返礼を義務とする交換関係であるということだ．つまり交換関係において，贈与する方は贈られる方に負い目を負わせるのである．贈られた方は贈与を相手からの挑戦として受けとる．したがって返礼の義務は，これら交換の対象となるものを贈与した方を圧倒することによって果たされる．そこにおいて消費は過剰な蕩尽となるのである．また過剰さをめぐって優位を決めるために，贈答は集団にとって競争と敵対を原則とするようになる．

ポトラッチは，現代の経済学でいわれる経済人をモデルにしては説明できない．貨幣を価値尺度にして，最小の費用で最大の効果をあげるという経済原則にしたがって合理的に行動する個人は，純粋に経済行為に限定されるからである．ただしどのような社会でも，経済関係は価値と道徳の関係でなりたっている．だから合理的なものと非合理的なもの，あるいは愛情と私欲を切り離すと，

経済行為は誤った方向に導かれてしまうのである．これに対してポトラッチにおける経済行為は，儀礼や返礼の義務を中心とする法的給付，贈答の結果による集団の政治的地位の決定などと切り離すことができない．この関係の経済的価値は，贈与の義務と返礼の義務によってつくりだされる儀礼をともなった競争と敵対によって富を破壊するので，宗教的起源をもっている．

アメリカ北西部のポトラッチでは，奴隷を殺害したり，高価なものを破壊したり，豪邸に火を放ったりする．これは富や権力について欲のなさを表現するだけでなく，精霊や神に蕩尽したものを供犠として捧げるためでもある．供犠を捧げられた精霊や神は，捧げられたものと同じ名称をもつとともに，儀式を共同にする人間に化身してあらわれるといわれる．ここで供犠をおこなうさいに浪費の対象となる人や動物は，神と人をつなぐ役割を果たし，聖なるものを生みだすはたらきをするのである．この儀式をとおして，人は自分にも他者にも，社会的公正や正義といった社会的事実に対する規範化された行動を身につけるようになる．このような浪費は，特定の集団の人々によって習得され，共有され，伝達される行動様式という包括的な意味での文化の概念に組み込まれるだけでなく，象徴体系という文化の定義にも近い．また物財の交換が同時に社会結合をうながすこの関係を，象徴的交換という．ポトラッチは，現代の消費社会を分析するさいに大きな影響をあたえている術語である．

2. 消費社会論をたどる

(1) 誇示的消費

ポトラッチは，集団のあいだでの贈答関係であった．現代社会においても，ポトラッチに類似した経済現象がみられると，ヴェブレン（Veblen, Thorstein Bunde）は指摘した．彼によれば，社会には産業的な職業から免除されたり排除されたりしていながらも，名誉をともなう職業があるという．生産的な仕事をしなくて済む生活は，他の職業よりもはるかに高い経済的地位にあることを示している．有閑階級 leisure class といわれるこの制度＊は，誇示的消費をそ

の中心においている．貨幣があらゆるモノの価値尺度となっている現在，他者よりも金銭的に優位にあることは，他者よりも卓越した力をもっていることを示す．経済的な裏づけをともなった非生産的な活動とは，ヴェブレンによれば戦争や狩猟やスポーツなどである．このちがい（差異化）を見せびらかす時間は，誇示的余暇といわれる．

　誇示的余暇は，生産的な仕事を価値のないものとみなす．したがって，時間を労働よりも余暇に費すことができるということは，経済的能力のある証拠なのである．経済力が蓄積していくにつれて，それに見合ったレジャーも一人では証明できないくらいの規模になり，満足もできなくなる．一人で贅沢しても，特別な地位に有利になるようなことはない．そこで有閑階級は，友人や競争相手の「まなざし」を借りて，高価な贈り物や贅沢な祝宴を提供するという方法をとることになる．ここで消費は個人のものだけではなく，経済力を見せつける方と見せつけられる方という客観的な交換としての意味をもつようになる．しかも見せびらかしで相手を魅惑的にしてしまうためには，時間と貨幣の二つを徹底して浪費してみせることが条件となる．祝宴などに招かれた人々の目に，時間と貨幣の浪費ぶりが訴えられなければならない．つまり招かれた人々は，有閑階級の浪費に立ち会って，見せびらかしの証人となる．それを代行的消費者という．そこにはたんなる経済の効用だけでなく，浪費に対する高い評価がはっきりとしめされているのである．

　さて，ヴェブレン効果 Veblen effect といわれる誇示的消費は，ポトラッチにみられた蕩尽からそれほど遠い距離にはない．ポトラッチのような「お祭り騒ぎや宴会は，ごくわずかな程度で宗教的な必要性に，ずっと高い程度でレクリエーションや酒興という必要性に貢献し続けているといえようが，それはまた妬みを起こさせるような目的にも役立っている」とヴェブレンはいうのである．消費には効用のみならず，儀礼という宗教性がふくまれている．そして外延には競争心によって，相手に羨望と嫉妬をもたらすジラール（Girard, René Noël）のモデルライバル論が導かれる．というのは人はおうおうにして，現在

の生活の慣習に同調しようとする．なぜなら社会を生きる常識として，また軽蔑されたり仲間はずれにされるかもしれないから「世間体」という標準を受け入れなければならないのである．欲望と現実のあいだに落差が生じると，人々は相対的剥奪状態におち入りはしないかと不安にかられるのである．だから見せびらかしは，差異化を強制する手段になるのである．次に述べる，標準的な生活様式が広告によって演出されるという経験は，ヴェブレンがもっともはやく指摘したことであった．

*アドルノは，「ヴェブレンの institution という概念を，意識形態と訳すべきで，制度と訳すべきではないと思う．彼は institution を思考習慣 habits of thought と定義している」と指摘している（『プリズメン』）．制度は一般に「強制され習得され慣習化した行動様式一般で，拘束のシステムとして機能する社会的なもの」と定義されている．ここでは，「見せびらかすという制度がある」という表現よりも，貨幣経済のもとでは「見せびらかしたいという思考習慣がある」といったほうが説得力があるように思える．

(2) 他人志向型と標準的パッケージ

都市的生活様式が普及するにつれて，ヴェブレンが悲観的に予想したとおり，見せびらかしの消費が人々に受け入れられるようになった．1950年代にはいると，アメリカで消費社会が本格的に始まる．リースマン（Riesman, David）は，人口の自然増加率からみたときの類型を一因として，消費社会にいたるまでの社会的性格を三つの段階に分類している．

第一は多産多死型の社会である．ここでは，伝統的な慣行が制度化され定型化されている．社会の変化は相対的に低く，家族や血縁への依存度が高いので，多くの成員はさまざまな制度と自分とのあいだに調和を感じている．この社会は伝統志向型という性格類型をつくる．

これに医療技術と栄養学の進歩をくわえると，第二段階では死亡率はくいとめられ，人口爆発がおこる．この多産少死の社会は，ルネッサンスと宗教改革

の時代とともに出現した．交換経済の発達は都市の繁栄をうながし，ヒトもモノもつねに流動する社会を生みだした．資本制社会の基礎がきずかれ，国内では人口爆発と生産力の向上，対外的には植民地の拡大といった現象がみられるようになった．伝統的な社会に比べ，生活の選択の幅はさらに拡がる．個人の進路の決め手となる動因は，幼年期にすでに決定されてしまう．すなわち幼児の社会化は，社会化のエージェントとしての両親をはじめとする年長者を目標としている．また外部の慣習よりも，個人の内的な起動力がなによりも重要視される．こうした人たちの社会的性格は内部指向的タイプとよばれている．

　第三のステージでは，高度化した産業構造が，消費社会をささえる膨大な新中間層のライフスタイルの核をつくる．合計特殊出生率の低下傾向からもわかるとおり，人口は少産少死型へ移行する．教育，レジャー，サービスなどの業界は，マス・メディアのなかで言葉やイメージの消費とともに拡大する．

　工業化する社会では，この拡大はライフスタイルの変化とイコールである．かつて内部志向の人たちが共有していた，年長者を目標にする社会化は影をうすめる．かわって仲間集団やマス・メディアに登場する同時代の人々の行為や願望に配慮するための感受性を強めることによって，行動の同調性が形成されていく．親たちは自主性のなさに気づき，子育てに自信を失い，その不安を子どものまえで演じることになる．子どもは一貫性をもてない親から，あいまいな役割期待を課せられるので，期待に応えなければならないことに直面しながら，期待に応えるということの意味を自分で規定していかなければならない．したがって他人志向型といわれるこのタイプは，人に認められることが期待に応えたということになるのである．他者の認知を得るために，個人は個性を製品差別化のように「ほんのちょっとした違い」として生産しなければならない．仲間集団や大衆文化から養分を吸収して形成される個性は，揺るぎないものとしてあるのではなく，状況に応じて生産されそして消費されるものとしてみなされる．他人志向型は，社会的に均等化する傾向のなかで個性的差異を表現し，流動化する社会に適応しなければならない．人は「均等化」と「差異化」とい

う対立する価値を，行為のなかでつねに同居させるという課題をかかえることになるのである．

　他人志向型のライフスタイルは，消費文化の成長と比例する．まず個々の選好に依存する消費行動は，年齢差，性差，地域の格差，社会階級間の格差などの境界線をあいまいにする．家具，ラジオ，テレビ，冷蔵庫などの耐久消費財，ブランドものの食料品や衣服，その他のサービスなどは，人々が生活していくうえでの準拠枠となるのである．リースマンはこれを標準的パッケージといった．アメリカでは標準的パッケージは，特定の地域社会や職業集団の一員であることを証明するしるしとなる．しかも，ライフサイクルの各段階を経過するたびに，その標準的パッケージはかわっていく．たとえば家庭の所得を引きうける夫が職業的キャリアを積むにつれて，周囲の人たちから人生のピークでとるライフスタイルのモデルを期待される．また標準的パッケージの整った家庭で成長する子どもは，それらがそろったところから生活をはじめることになる．両親は自分たちが作り上げたものと同等以上の消費生活を，子どもに提供することになるのである．このように標準的パッケージは，それにつけ加える親子の好みの違いこそあれ，共有するライフスタイルとなってしまったのである．1950年代，アメリカ社会では新中間層の増大によって，ライフスタイルが平準化の傾向をたどるようになったと，リースマンは指摘したのであった．

　ともあれ標準パッケージは平等感覚を満たす．しかし工業生産によって規格化された商品を消費していることは事実であり，したがって消費は平等感覚を配分しながら，じっさいには均質化を満たしているに過ぎないともいえるのである．

(3) 生産者主権と依存効果説

　生活に標準的パッケージをそなえることは，新中間層のライフスタイルの一式を所有することでもあった．そこにいたるまで，消費者は市場情報や商品知識をもち，自分の選好によって行動をおこすことができた．また市場で売買さ

れる財は同じモノなので，商標や特許による製品の差異化はおこなわれなかったのである．有限な資源を財やサービスの生産をどのように，どれくらい用いるかを決定できるのは消費者なのである．1930年代にかかげられたこの理念は，消費者主権といわれる．

しかしフォードシステムに象徴されるように，生産能力（大量生産）が消費能力（低賃金）を追いこした結果，有効需要不足がおこり，1929年の大恐慌にいたった．ケインズ政策の効果もあって，これ以降，市場は完全競争から不完全競争に移行した．資本の集中と集積によって企業は大規模化し，商品の画一的な大量生産とともに，多様化した消費者の嗜好にある程度対応できるまでになった．近代社会の消費者の平等感覚は，生活必需品の大量生産と購買者への再配分によって形成される．それは「満足の貨幣化」でもあった．ともあれ，不完全競争下の市場では，企業は総供給量をコントロールできるようになるので，さまざまな方法で販売戦略を展開することができる．そして産出量を規制して管理価格を設定することによって，「消費者の満足」は「企業のつくる満足」に移る．企業は消費者の選好そのものをも決定するようになる．いうならば消費者から生産者へと，市場での「主権」が移行したのである．

優位にたった生産力は，さらに供給量を増加させる．それは，需要を無限に増殖させることでもある．そのために広告や宣伝を自在に利用し，絶えず新しい欲望を創り出していかなければならないのである．新しい欲望の創出は，社会に高い水準の生活を生みだす能力があることを裏づける．したがって社会の生産能力の高さが価値体系となって消費者の欲望を刺激することになれば，「体裁を保つために所有しなければならない物も多くなる」．これをガルブレイス（Galbraith, John Kenneth）は，依存効果という術語であらわした．さらに彼は「欲しいか欲しくないかという欲望の境目にある物については，その欲望が人為的に合成されるにつれて，その物を欲しいと思うのである．われわれは，生産されない物について欲望を喚起することはしない」という．消費する物をそれぞれに生産することによって，新しい欲望がつくられるのである．だから

同一の消費財を一単位追加するごとに，効用の大きさが減少していくという考えは，つねに新しい欲望の創出によって更新される．このことからもわかるように，モノは必要とされるから所有されるという理由だけでは，もはや消費行動のすべてを説明できなくなったのである．

　生産のシステムは，飽和状態にある欲望充足をさらに刺激する．よく知られている例では，モデルチェンジをしないフォードT型モデルが，モデルチェンジを繰り返すゼネラル・モーターズの車に人気と売上をさらわれたエピソードである．このように欲望は，流行によって無限であるものとしてつくりだされるのである．いずれにしても依存効果がもてはやされた時期は，耐久消費財を中心とするモノの供給を主としていた．それをうけて，広告は量的世界を強調したのである．ちなみに1960年代の家電製品，化粧品，自動車，飛行機の利用，アルコール飲料などの広告は，量販に標準をあわせたキャッチコピーであふれている．このように依存効果は，経済が文化よりも優位にあることをしめしている．豊かな社会は，大量生産と大量消費のシステムのどちらをも破綻させず，かつそれを拡大しつづけることによって成立する．

3. ポスト工業化社会と情報化

(1) ポスト工業化社会

　ポスト工業化社会とは，ベル（Bell, Daniel）の『ポスト工業化社会の到来』（1973　邦訳『脱工業化社会の到来』）のなかで用いられた術語である．現在の工業社会よりもさらにそれが高度化した社会という意味で用いられる．ベルのポスト工業化社会論は，おおむね次の三つの基準にわたって規定される．

　(a) 経済領域において，生活になくてはならない物財を生産する経済の第二分野よりも，サービス経済が優位となる．すなわち産業分類のうち，第一次産業や第二次産業の就業者に対して，第三次産業のそれの比率が50％をこすことである．

　(b) 職業分類では，専門的技術的職業従事者が増加するということである．

それまで労働力の大部分を占めていたブルーカラーが，ホワイトカラーにこされてしまう．大学教育の普及とともに教育・医療・社会事業・福祉などの専門的および技術的な雇用が急成長する．なかでも科学者（自然科学者および社会科学者）と技術者が増える．医療技術が人々の健康を高め，人生を長くしたことは疑うことができない．生産組織においても，数学的技法によって制限された条件のなかから，どの方法が利潤や輸送の極大化を達成するのにもっとも適しているかをきめるリニア・プログラミングとか，あるいは労働の変化に対応したレジャーの開発など，サービス部門はより拡大していく．

(c) 政策形成や技術革新にとって，理論的知識がますます必要とされる．過去のどのような社会でも知識はそれなりの機能をはたしてきた．しかし，ポスト工業社会で機能する知識は，変動の方向と組織の方向を決定するような働きをする．知識は経験主義よりも優位にたつ．その結果公理体系のように，その抽象的な象徴体系によって，ことなったさまざまな経験の領域を解きあかすことが，ふつうにおこなわれるようになる．

ポスト工業化社会では，コンピュータとデータの伝送システムが高度に発達する．給与の銀行振込，クレジットの決済，航空券の予約，在庫分析，国勢調査のデータ，世論調査，選挙のデータなど，ふだんからよく知られているデータの蓄積や検索，処理が，経済的かつ社会的交換の資源となる．ベルはこれを総称して情報といっている．そしてポスト工業社会における根底的な変化についてベルは，「理論的知識が体系化されることと，知識が新たな知識の生産においても，また経済的な商品やサービスの生産においても，技術革新の中枢的位置を獲得する」といっている．

この変化技術革新の中枢となった知識は，かつてのトマス・エジソンのような「職人的発明家」から，20世紀における光学分野の原点に位置するアインシュタインのような「理論的知識をもった専門家」に道をゆずったことに象徴されよう．

(2) 電子メディア

電子メディアの性質　14世紀末から紙が大量に生産された．次の15世紀にはグーテンベルクが活字を発明する．印刷技術は，人類の文化を急速に発展させるきっかけをつくった．漢字に比べて字母の少ないローマ字は，印刷技術によって文字言語を急速に普及させることになった．しかし，文字言語はそれを解読できる階層にしか受け入れられなかった．

1867年ドイツのジーメンスが発電機を発明する．1880年頃，エジソンが電灯を発明した．その後変流や変電の技術が発明された．さらにそれを高圧・交流することによって遠距離送電が可能になった．1898年にナイアガラ水力発電所が完成し，電力の時代がやってきたのである．その半世紀余の後，マクルーハン（McLuhan, Herbert Marshall）は「電光は，純粋なインフォメーションである」といった．そして書く場合の内容がスピーチであるように，あらゆるメディアの内容はもうひとつのメディアであるという．だから「メディアはメッセージである」のだ．これからすれば，電気ないし電子の光は，それを利用して機能する機器にとってメッセージとなる．電子の光には内容がなく，それを使って商品を映しだすまでは，メディアとして気づかれないのである．20世紀にはラジオ，テレビ，コンピュータ，衛星通信など電子のメッセージを受けて機能する機器が発達し，日常生活のすみずみにまで拡がっていった．

電気は，文字の所有や非所有に関係なく急激に普及してしまう．そして電子メディアの普及とともに，われわれの身体は拡張をはじめる．衛星中継や国際電話の同時性の機能からもわかるように，電子の出現によって時間は圧縮され，地球は「一つの村落」になった．しかも同時性は，人々にあらゆる情報への参加をもうながす．じっさい距離の圧縮とメディアへの圧倒的多数の参加は，電子のメッセージをまってはじめてできるのである．たとえば，ネットワークということばは，コンピュータの普及によってできたのである．ネットワークとはタテよりもヨコにつながっていく対等な関係を意味しており，それによって個人の自発性と分権を重視するのである．ネットワークは地理的距離よりも社

会的距離を圧縮する用語として，使われている．

　つぎに電子メディアは，印刷技術のもつ画一性，連続性，直線的という原理の限界を教えた．印刷という機械化の原理は，プロセスを細分化し，細分化した部分を一線上に連続させることによって達成される．活字はものを対象化する視覚 vision を重んじる．つまり文字言語は環境を分節化し固定させる．それは読者が騒音からのがれて，一人でいることを望むという行為に象徴される．これに対して電子は，光の瞬間的な速度という性質によって連続性を無意味にしてしまう．かわって電子がもたらすものは，触覚 touch である．

　マクルーハンは，次のようにもいう．印刷のつくりだす文字文化は，それに同調できない人々，たとえば女性，人種，身障者，子どもなどを，社会の周辺に置く傾向にあるという．電子によってつくられる文化は，文字文化では劣性であった人々でも，それぞれに等身大の役割を与えられて生きることができるようになる．触覚は五感のなかでも，もっとも原初的な感覚であり，それによって自分の方位や方向を感じている．子どもは体温の維持，恐怖，苦痛，空腹，寒さなどさまざまな状況におかれたとき，母親に抱擁されると体内の均衡を維持し回復するといわれる．触覚によるコミュニケーションは青年期の同性のあいだでおこなわれ，やがて異性を求めるようになる．成人のあいだで取り交わされる触覚コミュニケーションは極度に複雑になる．たとえば握手はもちろん，われわれの挨拶も視覚のようにみえるが，間をおいた接触という形に理解できる．

　印刷メディアから電子メディアへの変化は，五感の比重の変化であり，身体と環境の関係の変化，つまり思考様式の変化であった．ともあれ触覚に注意が集まることは，文字文化に対する声の文化の復権ないしは「ふれあい」の復権でもあるのだ．家電製品の普及は，ふつう女性の家事労働の軽減に大きく貢献したといわれてきた．しかし，家電製品による労働の軽減は，家事という仕事時間を節約しただけではなく，「誰もが自分のことがやれるようにした」ことの重要性をも記憶させたのである．これが電子時代の原則となった．電子メデ

ィアは固定化していた家族の性別役割をやわらかな関係につくりかえる助走路となったのである．

テレビジョン　テレビは，現在国民平均で3人に1人の割合で所有され，国内ではほぼ一日中放送されている．体系性ももたないが，収集された情報量を満載しているので，日常的には接触の最も多いメディアである．そればかりではなく，利用方法をビデオやテレビゲームなどにひろげると，その度合いは他のメディアに抜きんでている．さらに衛星放送体制による24時間放送は，同時性によって地球村をつくるメディアに成長した．テレビの接頭辞の tele は'遠く'を意味しており，文字どおり地球全体の現在を，映像と音声・音響で感覚に訴えながら，視聴者に伝えている．

マス・メディアのうちでもテレビほど，老若男女はもちろん，階層や人種までもこえて，そうしようと思えば自由に参加できるメディアはほかにない．参加が容易なのは，活字に比べてそれほど程度の高いリテラシーを必要としないからである．それというのも，テレビは視聴者に映画のスクリーンのような役割を課しているからである．光のメッセージは「絶えず形成される形」によって映し出した画像を，一人ないし少人数の視聴者に届けられる．映画のように同じ刺激を同一の場所で経験することはないので，それぞれに参加する視聴者の解釈は多元的である．今日ではレンタルビデオも営業の対象となっているので，多元性はメディア受容過程に複雑な影響を与える．にもかかわらず個々の視聴者を参加させるので，事件や情報の「気分」を共有するようになる．現代文化の画一性が問われるゆえんである．

テレビは，われわれの意識を変えた．第一は子どもが他人の話を聞けず，集中力がなくなったことである．子どもに即時的欲求充足スタイルが浸透した．これは距離を置くこと，関与しないでいる態度，客観性を与えてくれる視覚の感覚が変容したということである．次には，子どもにとって，テレビは知らない環境をオープンにした．職場，盛り場，犯罪等，それまで子どもの世界になかった環境を，自由な参加によって視聴できるのである．また家庭にいる主婦

や高齢者の視聴には，疑似的体験がしばしば現実との境目を見失って受けとられることも，このメディアの功罪である．

テレビと広告 このような性質のテレビというメディアのなかで，広告のメッセージが放送される．広告は雑誌や新聞，映画，ラジオやテレビといったメディアにのり，われわれに届けられる．なかでも映像とCMソング，コピーが合体するテレビは，もっとも影響力の強いメディアである．時代を映すといわれる広告の歴史をふりかえると，20世紀前半までは広告写真が主である．第二次大戦後，テレビが普及すると，広告の多くはテレビをとおして伝えられるようになった．

ところでさきに，誰もが同じモノをもつようになることは，平等化ではなく均質化であるといった．「モノを私たちに売りつける」広告は，わたしたちの生活の均質的な側面をつくりだし，それを反映するメディアである．生活と広告の間に区切りがないから，広告はわたしたちの生活そのものではないともいえるし，まったく生活からかけ離れていないともいえる．階層や集団の区別をつくりだすための手段として商品が利用されるために，広告はあいまいさ，すなわちイメージというメッセージを発する．

(3) **擬似イベントとイメージの世界**

新たな欲望は，専門家によって人工的につくられる．広告は買い手を勧誘するために売り手がおこなうインパーソナル・コミュニケーション，ないしは試みられた説得コミュニケーションである．したがって広告は，経済生活のなかで消費者の意思決定を誘惑する強い説得力をそなえている．消費者がよく知っている特定の財をもとめて市場に参加するのであれば，広告は情報を提供しているだけである．しかし消費者はあらゆる選択肢を調べたり比較したりしてから意思決定するわけでない．とりわけ飢えや渇きなど根本的な基礎的欲求が充足され，かわって派生的欲求が前面にあらわれるとき，広告は操作機能になる．

派生的欲求 派生的欲求は後天的かつ経験的に形成されるので，基礎的欲求

に比べて序列をつけにくい．派生的欲求の種類や程度は個々人によって違うからである．派生的欲求は，豊かな生活によってもたらされるのだが，豊かさで欲求に序列をつけることがなかなかむずかしい．だから広告は抽象的な意味の世界を，具体的に表現する方法を開発しなければならない．モノのどのような働きによって人々の欲求が満たされるのか，それを予想することのむずかしさを示している．消費者を不安にかきたて，均質化を提供する機能こそ広告なのである．私たちが均質化に安心感を抱くのは，広告が欲求を操作し欲求を創出してくれるからである．広告にしたがえば，どのような生活ができるかを教えてもらうのだ．ブーアスティン（Boorstin, Daniel Joseph）は，イメージによってこの不安が解消されるという．このことは，派生的欲求が文化（大衆文化）であることをしめしている．また派生的欲求は，欲望といいかえられてよいだろう．「幸せ」や「家庭の団らん」，「清潔」や「美」などには，絶対という到達点がないからである．広告はこのような抽象性までも，商品にしてしまうのである．

イベントとイメージ　ブーアスティンはイメージの形成に，次のような例をあげている．ホテルの名声を高め，実績を向上させようとする．これを解決するには，新しい料理長を雇い，部屋のインテリアを替え，配管設備を改善することなどである．しかしこうした直接的な方法に訴えるよりも，ホテルの創立記念の祝典を開く方が効果は高い．ホテルが地域に貢献したことをアピールするために，地域の有力者を発起人として，イベントを計画する．祝典が開かれたことをマス・メディアで報道することで，目的は達成されるのである．

ところで，計画されたイベントは，次のような特徴をもっている．（ア）イメージは，専門家によって人工的に計画され製作されたものである．（イ）これは，報道され再現されるという直接の目的のために計画されており，出来るだけ多くの人に伝えられなければならない．（ウ）イベントは，本当らしくみせかけられてある．つまりホテルに対して人が抱いているあいまいさに事実を積み上げて全体的に判断させるよりも，単純化することによって事実を結晶化

させる．（エ）これらの要因からホテルに対する予期的社会化が確立される．イメージは「名声の自己増殖」に追われることになるので，受動的である．このようにホテルの改善された事実がイメージになるのではなく，イベントが予期的社会化をおこなうことによってホテルの現在を規定するのである．重要なことは，イメージが現実として直接的にそこにあることによってつくられる信頼ではなく，消費者をそう思いこませることによって信頼を築き上げることである．消費者もまた自分をそのイメージにあわせる．それによってイメージのなかで事実が解釈され，意味づけられるのである．このようにイメージとオリジナルの境界があいまいになり，イメージがリアリティに越境してリアリティをつくりだす．これをブーアスティンは，擬似イベント pseudo events といった．さらにつけくわえるならば，イメージは（オ）感覚に訴えることにより，消費者の批判的判断を封じ，また（カ）単純化され，（キ）あいまいさをのこす．

　広告は，欲求をつくりだして「モノを私たちに売りつけ」なければならないから，すでに私たちの身辺にあるものをそれ自身のメッセージにしても意味はない．広告はこれから買ってもらう商品のもっている特質や性質だけでなく，それらをさも意味ありげにみせかける方法ももちあわせなければならない．擬似イベントは，それを分析してみせた．

　メディアによって私たちの世界は拡大する．拡大し続けると，かなえられそうもない夢をみることもある．ところがそれをかなえられそうなイメージに変えてしまうところが，擬似イベントの重要なところである．ブーアスティンは鏡面効果という術語を使って，われわれの世界を作り出すイメージを鏡の壁にたとえている．合わせ鏡の壁が像を映しあいながらどんどん鏡像を小さくしていくように，イメージは私たちの経験をせばめていく．したがって「イメージを混ぜ合わせることによってわれわれのイメージを処理しようとすることほど，危険で魅力的なことはない」（ブーアスティン）のである．

（4） 文化産業批判

複製技術の性質　この危険で魅力的な仕事は，現代ではテレビやラジオ，映画や雑誌などのメディアをとおして成立している．したがってマス・メディアへの接触は，最初から複製への接触でしかない．ベンヤミン（Benjamin, Walter）は映画を中心とした複製の魅力を次のようにいっている．「複製技術は，これまでの一回かぎりの作品のかわりに，同一の作品を大量に出現させるし，こうしてつくられた複製品をそれぞれの状況のもとにある受け手のほうに近づけることによって，一種のアクチュアリティをうみだしている．」彼によれば，アウラが一回性と歴史的時間の密接な結合に依存しているのに対して，複製の特徴は一時性と反復性にある．ベンヤミンは複製の大きな波のうねりをみて，自由にメディアに参加できる人々の台頭と，そこにひそむ人間の危機と革新が表裏をなしていることを指摘したのである．複製が身近になることは，芸術作品をアウラという儀礼性をもつ礼拝的価値から，作品の厳密性という展示的価値に転換させてしまうことでもある．礼拝的価値が商品化することで作品の物象化をおしすすめ，かつ同時性をもつまでにいたっている．そして，開発された複製技術を社会が十分に使いこなせるかどうかについても，彼は疑問をなげかけている．複製技術によって人々の意識にどのような変化が生ずるかはべつとして，フロッピーディスクをコンピュータに挿せば，言葉や数字，音楽，映像などをすぐさま記憶させ，それをコピーできるようになっている．複製された電子情報は，著作権法を追いこしながら，商品化されることから逃れることもできるからである．

文化産業と道具的理性　ところで，アドルノ（Adorno, Theodor Wissengrund）はこれを受けて，メディアが何を視聴者に与えたかではなく，かれらが映画やテレビを観た後で，タレントの名前や彼らのプライバシーに興味をもつことに注目している．メディアの内容が，受け手にどのような効果を与えているかを測るたとえとしてである．なぜなら，タレントのプライバシーを話題にすることは，ある種の期待や願望の裏がえしだからである．サブカルチャーもカウン

ターカルチャーをも飲み込んでいく巨大な文化産業は，膨大な数の視聴者や読者にむかえられなければ，産業としての存立基盤を失う．だから文化産業は，われわれの気晴らしであるキッチュでさえ美化することによって文化を均質化しているのである．

　複製文化すなわち大衆文化については，それを生産する技術の絶えざる進歩を否定することはできない．しかし技術を推進する理性という能力は，プリンの型をどのように決めるかによって，プリンの型にかんする法則をたてることができるように，心のもろもろの形式によって，人が経験できるすべてのことに対して法則をたてることができる．アドルノによれば，理性はユートピアを表明できる一方で，「自己保存という目的にあわせて世界を調整し，対象をたんなる感覚の素材から隷属の素材へとしつらえる以外にいかなる機能もしらない」計算的思考の法廷も形づくるのである．文化産業は，採算がとれるもののみを大量生産する．また気晴らしをさせるメディアの多くは，なければなくてもよいものであり，生活に深く影響するものでもない．物事の本質を把握するはずであった理性がみせるこうした一面を，アドルノは道具的理性といった．つけくわえておくならば，アドルノは，近代社会を実証的に分析するというよりも，政治過程での統一的な意思形成過程に虚偽性があることを強く批判した．

(5) 消費の論理

ガルブレイスからボードリャールへ　大量生産と大量消費は，大量宣伝（広告）と大量流通を挿しはさみながら，現代の「豊かさ」に到達する．すでにのべたように，ガルブレイスのいった豊かさは，経済成長を前提にしている．したがって成長のプロセスは計量できるのであり（たとえば国民総生産など），量が大きくなるにつれて物質的な安定を意味するようになる．しかしこの豊かさは，すでにテクノストラクチャー（経営者・技術者の専門家集団）のレベルでの無限の生産力という幻想と，その生産物を売ってしまうという矛盾した関係としてあらわれる．この段階に到達すると，システムは有効需要と価格に応じた商

品の内容をコントロールすることをもっとも重要な課題とする．そのために，企業はマーケティング・リサーチをして購買者の意思決定の先回りをし，生産者主権を確立する．購買者は選択の自由をもっているようにみえるが，じっさいには選択を強制されているのである．

　ボードリヤールは，このようなガルブレイスの説にたいして次の点で批判的である．第一に，擬似イベントの作用からもわかるように，欲求充足を「ほんもの」と「にせもの」に分類することはむずかしい．しかし消費者にしてみれば，どのような消費が「ほんもの」か「にせもの」なのかわからないのである．第二に，経済開発によって効率が上向き，成長率がのびて雇用や所得配分が向上すると，企業にとって「消費を計算できる」労働者を増やせる．そして労働者は強制された消費過程にくみこまれる．ただし，このように消費者を生産システムによってつくられた受動的存在として規定してしまうと，消費のもつ差異や地位などについての考察がぬけ落ちてしまう．

　ボードリヤールは，「人々はけっしてモノ自体を（その使用価値において）消費することはない」という命題を提起した．消費は交換価値にかかわることなのである．彼は，欲求のシステムは生産のシステムの産物であるともいう．欲求のシステムとは，欲求がモノと個人の関係として生まれるのではない．システムは内部の相互依存によって維持されるから，社会と個人の内容については何も知らない．したがって欲求のシステムは「消費力として生産のシステムの枠内で全面処分力として生産される現象のことである」といえるのだ．しかし，じっさいにモノを買うのは消費者個々人である．消費者としての個人は，広告のもたらす心付けと気使い＝サービスによって，製品から離されてしまう（「あなたのために」，「あなたの選択は？」と問いかけるCMメッセージ）．企業の寡占化によってつくられるシステムは，こうして個人主義に力をおよぼしながら，それゆえに個人主義を抑圧する．生産システムの戦略，すなわち欲望の戦略は，19世紀の消費者の登場いらい，戦略の性格を変えていない．民主主義という政治形態においては，人々が政治的なあるいは社会的な場面に参加しな

い限り，民主主義におだてられている．それと同じように，消費者も社会的な場面で「何がしかの役割」を演じない限りは主権者（強力な消費者）に祭りあげられてしまうのである．

記号と交換価値　人は，なぜモノの使用価値を消費するのではないといえるのだろうか．ボードリャールによれば，消費は社会的意味をもつものの生産と操作の論理であるという．

消費には第一に，「消費活動がその中に組み込まれ，その中で意味を与えられるようになるコードに基づいた意味づけとコミュニケーションの過程としての側面」がある．たとえば二人の間でおこなわれる贈り物について考えてみよう．相手への贈り物は，交換される意味とお互いのあいだを結ぶ転移的契約と不可分である．だから，モノはそれ自体たんなるモノとして交換されるのではない．贈与関係は，交換する行為そのものが重要なのである．これを象徴的交換価値という．この交換では，人は分身のように「モノを手放すが，このことが記号表現になって，つねに両項の相互現前と同時に相互の不在（距離）を確かなものにする」のである．バルト（Barthes, Roland Gerand）はこれについて，こう表現している．ここにバラの花束がある．これに私の情熱を意味させるとしよう．バラの花束は意味するもので，情熱は意味されるものである．しかしここにはバラと情熱があるのではなく，《情熱化された》バラがあるのだ（記号表象）．このように象徴的交換価値は両義的である．

しかしモノそれ自体が象徴的な価値をもたなくなると，モノは「記号として物化」してしまう．バラの花束は，モノ／記号になってしまう．モノが物化されて自立的になれば，両者を結びつけている関連と距離は失われる．モノすなわち記号は贈与も交換もされない，たんなるモノとなってしまう．そうならないために，モノ／記号は，それを使う個人によってコード化された差異として，所有され，保持され，操作される．記号は表現であり，同時に内容であるから，モノ化されたなかでの社会関係を形成する．消費されるモノはこのように差異を示す記号として自立しているので，それによって体系化（自分の使う言語を

よく知るということ）できるようになるとき，人は消費について語れるのである．ボードリヤールの例によれば夫婦関係の象徴である姻戚関係は唯一無二のもので，このモノを変えたり数を増やしたりすることはできない．これに対して装飾用の指輪は，象徴ではなく，個人的な満足であり他人のまなざしにさらされる記号である．望むだけの個数をもつことができるし，個数を変えることもできる．指輪は消費物として遊びや流行のなかに配置される．

　第二は「分類と社会的差異化の過程としての側面」である．人は所属する集団をとおして，所属をしめす記号のためにないしは高い地位の集団をめざして所属集団から抜けだそうとするために，他者と区別する記号としてモノを操作している．われわれは意識的には，生活のレベルや達成的地位に到達するための競争や権威についてのモラルをもっている．他方では，そうすることは個人をこえた地位のハイアラキーのなかに強制的に自分を登録することになる．それは労働と責任のタイプであり，教育・教養の水準であり，決定への参加の基準などである．したがって，消費者の自由な選択，人と違った行動をとることこそが，固有の意味で社会秩序への服従となる．それゆえ，消費における均質化は平等感覚を増進させるが，それは形式的にすぎない．内容を問われたときに平等は抽象的になるからだ．逆に，均質化は差異化を強化する結果となる．

　だから，他者との違いを強調してポイントを稼ぐことは，秩序を再生産しているにすぎない．自分で絶対的なポイントを稼いだとしても，個人の地位は相対的に変化するだけであり，差異の構造は不変である．たとえばファッションは絶対的価値をもたない．そこでは互いの差異関係だけが，意味の基準としてはたらく．こうした相対性の強調は，コードへの差異的登録が無限に続く限りで決定的である．もしも絶対的な価値をもったファッションがあれば，それはファッションの終わりを意味する．したがって「美しい衣装」を追求することは，つねに美しさを否定し，抑圧し，消去しながら，美しい衣装を作りつづけることなのである．差異化には限度がないのである．したがって平等を差異のシステムと記号のコードに組み込むことが，消費ということになる．

ボードリャールの広告論　「すべての宣伝には意味が欠如している．宣伝は意味作用を伝達するだけである」とボードリャールはバルトにならっていう．バルトのいう神話（伝達の体系ないし話しことば）というものは，消費者の目には，誰にどのように伝達するかが明らかであるのに，利益がからんでいるとはみられない．神話のことばを発する立場は明らかであるにもかかわらず，神話は「一つの自然のなかに凝固し，動機として読まれるのではなく，理由として読まれる」のである．広告のコトバもこれと似ている．広告では商品にそれと関係のないコトバを結びつける．だから告知としての広告のコトバではなく，情報操作のコトバは，関係のない対象に結びついて，言語的そしてコミュニケーション的現実を構成する．「女性を美しくさせる」をコンセプトとする化粧品のCMは，現実のなかから「美しさ」の意味を抽出し，「美しさ」の記号が増殖するように，女性タレントにそれを具現させる．それはファンタジーにたいして，陳腐さ，エロティックなもの，経済的なものを融合させ，商品は「美しくなりたい」という欲望を生みだす．しかし欲望のイメージやことばは「美しさ」を均質化することであり，個性化することではない．したがって商品は記号をこえることはできない．

「物はおのれを示し，展開し，あなたをも求め，あなたを囲み，物がその外見の豊かさによってその流出によって存在することをあなたに証明する．物はあなたを目標とし，あなたを愛する．そしてあなたが自分の存在を感知するのは，愛されているからである．あなたは《人間化》されている．これが本質的なことで，物を買うことは二次的なことである．」

ここでボードリャールのいう「あなたは」，特定の広告メディアに接触した全員にむけられているのである．「人々はけっしてモノ自体を（その使用価値において）消費することはない」というかれの命題は，こうして人々をナルシシズムの世界へ誘うのである．

4. 消費社会のゆくえ

　20世紀の技術革新はコンピュータ，航空機，原子力に代表される．情報技術が突出し，生産力を高め大量生産を実現させた．それは物質的に先進諸国に豊かさをもたらすことになった．衣食住について，安全に生活できることを技術は保障してくれたのである．ボードリャールの説にもあるように，われわれの欲望は無限に向かって開かれるようになった．科学技術の応用による財やサービスの大量消費が，「豊かさ」や「ゆとり」の意識を支えていることは否定できない．

　ただし，大量消費による均質化は限界に達し，差異化のなかで消費を強いるシステムがこれに替わったこともみてきた．ただ，消費主義の言説は，私たちの経験において形づくられるさま，すなわち意味づけをしりぞけて，システムが独自に動き，私たちを圧倒するところにある．システムは欲望をつくり出すことによって，私たちの意味を無意味にしてしまう．それは社会病理のきざしとなるし，無気力もはぐくまれもしよう．システムが意味の欠如を，どこからどのように回復できるか，消費主義に問われている．

　またこの地上では「豊かさ」は北に偏っていることを，差異化のシステムはおしえている．そして，差異化といえども多様な品目の大量生産であることにはかわりはない．したがって，このまま大量消費を継続することは，資源の有限性と消費の後に残る廃棄物の処理の問題をさけてとおることはできない．現代社会において，消尽することは，モノを買うことに夢中になることである．それは還ってこれない体験をすることなのかもしれない．

【引用および参考文献】
アドルノ，T.W.（渡辺祐邦・三原弟平訳）『プリズメン』ちくま学芸文庫　1996
バルト，R.（篠沢秀夫訳）『神話作用』現代思潮社　1976
バタイユ，G.（生田耕一訳）『呪われた部分』二見書房　1973
ベル，D.（内田・嘉治・城塚・馬場・村上・谷嶋訳）『脱工業化社会の到来』(上)(下)

ダイヤモンド社　1973
ベル, D.（山崎正和解説　山崎正和・林雄治郎他訳）『知識社会の衝撃』TBSブリタニカ　1995
ベンヤミン, W.（佐々木基一編集解説）『複製技術時代の芸術』晶文社　1970
ボードリャール, J.（今村仁司・塚原史訳）『消費社会の神話と構造』紀伊國屋書店　1979
ボードリャール, J.（宇波彰訳）『物の体系』法政大学出版局　1980
ボードリャール, J.（桜井哲夫・宇波彰訳）『記号の経済学批判』法政大学出版局　1982
ブーアスティン, D. J.（星野郁美・後藤和彦訳）『幻影の時代』東京創元社　1964
フィンケルシュタイン, J.（成実弘至訳）『ファッションの社会学』せりか書房　1998
藤竹　暁『テレビメディアの社会力』有斐閣　1985
ガルブレイス, J.K.（鈴木　哲訳）『豊かな社会』岩波書店　1970
ガルブレイス, J.K.（都留重人監訳）『新しい産業国家』河出書房新社　1972
ホルクハイマー, M.・アドルノ, T. W.（徳永　恂訳）『啓蒙の弁証法』岩波書店　1990
イングリス, F.（伊藤誓・磯山甚一訳）『メディアの理論』法政大学出版局　1992
柏木博『道具とメディアの政治学』未来社　1989
リンド, R.S.・リンド, H.M.（中村八朗訳）『ミドゥルタウン』青木書店　1990
モース, M.（有地亨　伊藤昌司　山口俊夫訳）『社会人類学1』弘文堂　1973
見田宗介『現代社会の理論』岩波新書　1996
マクルーハン, M.（後藤和彦・高儀進訳）『人間拡張の原理』竹内書店新社　1967
マクルーハン, M.他（大前正臣・後藤和彦訳）『マクルーハン理論』サイマル出版会　1967
ポスター, M.（室井尚・吉岡洋訳）『情報様式論』岩波書店　1991
リースマン, D.（加藤秀俊訳）『何のための豊かさ』みすず書房　1968
リースマン, D.（加藤秀俊訳）『孤独な群衆』みすず書房　1964
高橋由典『社会学講義』世界思想社　1999
富永健一『社会構造と社会変動』放送大学教育振興会　1987
トムリンソン, J.（片岡信訳）『文化帝国主義』青土社　1993
ヴェブレン, S.（小原敬士訳）『有閑階級の理論』岩波文庫　1961（ちくま学芸文庫にも邦訳あり）
吉見俊哉編『現代社会学21　デザイン・モード・ファッション』岩波書店　1996

第5章　現代家族のゆくえ

1. 恋愛と結婚

(1) 恋愛結婚

　結婚とは，法律のうえの権利と義務をともなった成人の男女が，社会的に認められた関係である．その関係は，生涯にわたって続くと思われてきた．しかし，1970年代以降の結婚の形は，ゆるやかに変化しつつあるという説明をしなければならない．結婚生活といっても，たとえば職業でキャリアを積むなどお互いの目的がちがえば，同居に意味をもとめないカップルもいるからである．経済的に自立している夫婦のあいだでは同居と家計をともにするという世帯の定義が，かならずしも家族とイコールではないということになる．夫婦はおたがいを「同居人」と呼び合うことさえある．「同居人」とは，ほんらい世帯の構成員のなかでは，構成員のもっとも周辺に位置していた非親族をさしていたのである．

　結婚する大部分の人たちが同居することは，結婚生活をはじめるさいのごくふつうのプロセスにすぎない．それにもかかわらず，カップルは同居することと，お互い自由に選択した結婚式ないし結婚生活を区別するようになってきた．このようなライフスタイルは，恋愛結婚という形態と深い関係にある．

　ヨーロッパの恋愛の歴史をさかのぼれば，騎士道精神にいきつくという．騎士道では男は「節度」を重んじ，女は「貞淑」であることが恋愛の中心的な徳であった．中世ヨーロッパの愛や結婚は，宗教的なもの（神への奉仕）を意味していた．したがって神への奉仕を目的とせず，あるいは制度上結ばれていない性愛には，すべて罪のラベルが貼られたのである．しかしその一方で，12世紀になると，恋愛詩がうまれる．ゾンバルト（Sombart, Werner）は，「これらの詩は，恋人を天上にまつりあげ，一方おのれは憔悴しきって呻き声をあげ，

酔いしれ，祈りにくれる正真正銘の青春期の性愛の表現である」(『恋愛と贅沢と資本主義』)といっている．

恋愛は特定の異性にたいする性衝動に発する．相手を独占したい，所有したいという心理は，相手との一体感への願望である．また相手のためにわれを忘れることができるということでは，愛他主義的である．したがってお互いをかけがえのない尊い存在として認めあい，その存在は等しいものであると思っている．これが，人格を尊重する近代の恋愛観である．しかも自分の欲望を満たすために，われを忘れて相手を愛するという矛盾した状態にあるので，恋愛関係は不安定であり，当人は苦悩する．恋愛関係は，信頼によってきずかれた友情や，制度にまもられている夫婦関係とはちがって，消滅する可能性があるのだ．

ところで，恋愛を lomantic love という．その理由は，最初から消滅しかねない心理におかれるからである．ロマンチックな心情は，過去へのノスタルジアや未来への憧憬にみたされていることをいう．やがて愛は「世俗化」することによって，自分の意志でおこなう恋愛となった．世俗化がすすむにつれて，個人の判断で恋愛し，その延長線のうえに，結婚を考えるようになった．これが恋愛結婚である．

植民地時代のアメリカの清教徒は，禁欲的だといわれている．しかし異性をもとめることは自然の欲求であると考えられていた．ただし夫婦以外に異性と性的関係をもつことには，手加減などせず極刑に至らしめることさえあったという．19世紀にはいると工業化と都市化がすすみ，男子労働者はもちろんのこと女子労働者もふえた．若者たちは都市の娯楽施設やダンス・パーティなどの場に集うようになった．そこにやってくるのは，話しの内容を伝えたりそれを理解したりすることよりも，話すことそのことを目的とする社交性をもとめるためである．デート（dating）ということばは，このころから広まったのである．その結果，都市においては恋愛結婚が結婚のポピュラーな形となっていった．20世紀にはいると宗教的統制もゆるやかになり，結婚は当人同士の意志で自由にできるようになった．そしてモータリゼーション，避妊用具の広範

な普及，性病にかんする医療技術の発達によって，「恋愛至上主義」的傾向が急激にすすんだ．

このように恋愛結婚は，経済的あるいは社会的条件によって，広く受け入れられていく．ちなみにわが国では高度経済成長期の1966年に，恋愛結婚と見合い結婚の割合は逆転した．恋愛結婚志向はその後も右上がりの傾向をつづけている．1982年に男性50.2％，女性52.6％であった数値は，1997年にはそれぞれ66.8％と73.4％となり，女性の恋愛結婚志向の強さをうかがわせる．

(2) 恋愛の規範性

恋愛は人と人を強く結びつける反面，不安定な関係ゆえに，既存の社会制度にさまざまな影響をあたえる．これを結婚という制度に着床させ，不安定さを囲い込みながら関係を維持させることが，恋愛結婚である．バージェスとロック（Burgess, E.W. & Lock, H. J.）の「制度から友愛へ」という表現は，恋愛結婚による家父長制家族から近代家族への変化を象徴している．恋愛結婚によって形成される家族とは，合意によって結ばれた夫婦が二人できずく民主的な家族である．夫婦は対等であり，それゆえ家族内の意思決定にはメンバー全員が参加するという友愛的な側面をもつ．また個人の権利や自由をできるだけみとめてやる家族でもある．人は結婚という進路を選択するとき，友愛的家族を目標とするようになる．友愛による結婚は，誰もがあたりまえのように望む形態となったのである．

友愛的家族からみれば，家父長的家族のような制度的家族は，権威にうらづけられたつよい「秩序」によって，家族のメンバーに抑圧を強いていることになる．友愛的な家族はそれを排しようとしているので，もっとも望ましい家族形態として受け入れられている．ただし行為をみちびく「望ましいもの」は，しばしば「～すべし」という規範性をそなえている．だから友愛的家族に価値をおくことは，家父長的家族とはちがうものの，「抑圧のない家族であるべきだ」という規範を引き受けることになる．しかもこの規範はつよい求心力より

も，メンバーそれぞれの欲求の方向をみとめる傾向にある．こうしたメンバーの分化の傾向は，お互いに異なった価値体系を共存させることを前提とするから，「友愛的規範」といえども葛藤はさけられないのである．

　規範は私たちの日頃の行動を，気づかないうちに規制し，方向づけている．しかし規範はメンバーの欲求に障害となることもある．規範は現実のわれわれの行動を役割期待に応えるように水路づけるからである．

　ともあれアリエス（Aries, Phillipe）にならえば，近代家族は，家族（の現実）そのものよりも，家族の概念（モデル）をかえたといえる．アリエスは，絵画の解読をとおして，それを論証した．一家の団らんのなかで行われる聖ニコラ祭（サンタクロースの祖先ニコラを祝う）で家族が子どもを楽しませること，また家族という小さい集団がさらに縮小されていく過程を，団らんや祭りの絵を資料にしながら，子ども中心にまとまることを指摘したのである．

　子ども中心という考えは，近代家族に特有のものである．結婚相手を自分で選択できるということは，その責任において生まれてきた子どもの幸せを願うことは当然のこととされているからである．親が子どもの幸せを願うことに規範性をもっていることに疑いをはさむことはできない．

(3) 恋愛と結婚

　恋愛と結婚の関係については，大正期に「近代の恋愛観」を著した厨川白村の論考が興味深い．恋愛はそのままでは長く続かない．恋愛から結婚へいたることが大切なのである．「結婚によって物的基礎が確立するとともに，愛の内容はここに再び進化し転移して複雑性を増し，更に一新境を開拓する．即ち最初の恋愛はやがて夫婦間の相互扶助の精神となり，至高至大の情誼（つき合うときに非常に気高くこれ以上ないようなまごころの意味）と変じ，更に進んで親として児女に対する愛情に向かっても転化していく」からである．ここではいかに恋愛が結婚生活をゆたかなものにするかという，恋愛至上主義が高く評価されている．また恋愛生活は自我の解放にもつながるという．

しかしジンメルのいう,「いっさいの結合は拘束である」という命題を引きうけるならば,恋愛もその例外ではなくなる.恋愛は自由な意志においておこなわれるが,解放にはつながらない.自由は解放の過程であるから,拘束をこえ,しかも拘束と対立してはじめて意味と意識と価値,すなわち規範としての解放にいたるのである.しかしジンメルのいう二人関係において自由とは,相手との勢力関係において優位をしめることである.さらに相手が私を拘束するとともに,また私も相手を拘束することになる.二人関係を構成する要因は,第一に,死に表象されるような関係の「終焉」である.死は生のなかに確固として根を下ろしているから,お互いがかけがえのない感情をもつのである.第二に,「陳腐」は生活の反復によって生じる感情である.関係がお互いの個性に優越することである.関係において「まれでなくなること」が陳腐をつくるのだ.第三は,二人のあいだで個人的で排他的な関係によってつくりだされる「親密性」である.親密な関係は,夫婦のような日常の無差別な関係のなかでは危険となる.夫婦の関係はお互いに依存しあっているからこそ,関係において生ずる混乱や困難ないしは不足を自分のものとしてひきうけることができるのである.すなわち二人関係は,他のどんな数の関係よりもお互いを深く理解できると同時に,それゆえのもろさを抱き合わせている.夫婦であるからといって,思っていることをすべてしゃべりはじめたら,お互いにその重荷に耐えきれなくなってしまうだろう.ともあれ「何といっても人は自分一人のために結婚するのではない」(モンテーニュ『エセー』)のである.

 恋愛も結婚も拘束である.そして恋愛から制度という橋をわたって結婚にたどりつくまでに,われわれは結婚を「市場過程」とみなしていることにきづくであろう.市場は交換の場である.

 法律で規定されているように,どのような相手と結婚しようとも,それは結婚する当人の自由である.ただ人は結婚という世界を,おおくのばあい親をエージェントとしてみてきたことに気づかない.配偶者の選択をしぼっていくときに,たとえ親は自由にさせているようでも,子どもはなにもないところから

選択する要素をつくりだしていくわけではないのである．相手の年齢，容貌や性格，学歴や職業といった社会的地位とそれにつきまとう収入，将来の生活などにまで，当人にとってもっとも望ましい選択をする．それらの個人的属性からみて，「似たもの同士の結婚」であることがしばしばであろう．これを同類婚という．また属性の異なる者同士の結婚，いわば「異なったものへの魅力による結婚」を異類婚という．いずれにしても，配偶者の選択にさいしては，親も子も近隣や親族，あるいは仲間や友人をよりどころとして，自分の立場をきめている．

2. 核家族と家族機能

(1) 核家族・夫婦家族・家

核家族 結婚とは，男女が一緒に協力し合いながら一緒に住むことを，社会的に認められることである．それとともに性的結合が長続きすることも期待されている．こうして夫婦関係が土台となって，そこから親子関係と兄弟姉妹の関係という血縁が新たにつくられていく．産まれた子どもに名前をつけるということは，家系の連続性と判定性を意味するから，法律的に家族の親密性をたかめる．集団としての家族にはさらに，食生活の方式としての食事（回数，呼び方，献立，食事の場所，飲食の用具など），一緒にすむ住居（家屋や間取り，屋敷すなわち家屋をかまえる土地），経済的な機能（消費と生産，家庭経営や財産）がそなわっている．

これが家族の基本的かつ派生的活動とすれば，夫婦と未婚の子どもから構成される家族形態を核家族 nuclear family という．図表5-1からもわかるよう「核」とは，まず夫婦関係がある．そして母子と父子のダイアッドがセットになって機能単位を構成している．これは家族をみるときにもっともありふ

図表5-1 家族の要素単位

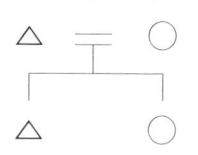

△＝男性 ○＝女性
＝：婚姻関係
—：出生

れた分類のしかたである．マードック（Murdock, George Peter）は，核家族がどんなに複合的な家族形態でも，この関係に家族の基本的単位をみた．そして家族集団を性的・生殖的・教育的・経済的の四つの機能を果たす単位とした．家族は核家族をもとにして生活を営んできたとし，拡大家族（父系，母系，双系のそれぞれの拡大家族）も複婚家族（一夫多妻，一妻多夫，多夫多妻のそれぞれの家族）も，核家族の集合として理解されるのである．

またパーソンズ（Parsons, Talcott）は，核家族機能に成人のパーソナリティの安定化と子どもの社会化をあげている．核家族は夫婦からみた生殖家族と，子どもからみた定位家族との二つの関係をふくんでいる．これはのちにのべるように，家族内のジェンダーに深く関連している．

次に現代の家族の類型で，もっとも多いとおもわれる夫婦家族（conjugal family）をみてみよう．夫婦家族は家族員の続柄組合せを分類の基準としたばあい使用される術語で，夫婦と未婚の子女からなる家族である．結婚によって成立し，夫婦のどちらかが，または両方が死亡することによって消滅する．この家族は多くは恋愛で結ばれているため，理念的には個人主義を重んじる．また近年平均寿命が高くなるとともに，夫婦単位の生活を安定化させる所得の保障が夫婦家族存続の条件となっている．これは家系が連続していく直系家族とのおおきなちがいである．また直系家族に比べて，夫婦家族は産業社会における労働力の地域移動と機能的に結びついている．さらに夫婦家族は天災や失業，心身の異常，離婚や病死，夫婦間の性的・情緒的安定など，直系家族に比べて家族内のストレスに弱い．

日本の核家族化と世帯の変化　ところでこのような夫婦家族は，わが国では，1947年に制定された家族法（民法）の制定にはじまった．そして1960年代に，家督を相続することで存続していた家制度は変容し，かわって夫婦家族は急増するようになった．とりわけ経済成長とともに人口が集中する都市においてこの現象があらわれた．この家族形態の発達する過程は，ます家族規模の縮小化としてあらわれる．日本では1920年代にはじまり，1950年ころから急に減少が

はじまり，現在にいたっている．次に夫婦家族の理念は，中世ヨーロッパでキリスト教と対決しそれを受け継いだプロテスタンティズムの精神に象徴される個人主義である．夫婦中心という考え方が，これににょって普及する．三つ目は産業化の進展である．日本ではヨーロッパに比べると，産業化の進展→夫婦家族制の定着→家族の縮小化という順序のいれかわった過程をたどった．夫婦家族が，それぞれに歴史的，社会的背景と結びついているのである．

図表5－2は，日本に夫婦家族世帯が定着してから，今日までの変容をしめ

図表5－2　核家族世帯の家族類型別世帯割合

	夫婦のみ	夫婦と子ども	片親と子ども
1960年	13.8%	72.0%	14.2%
1970	17.3	72.6	10.1
1975	20.7	71.5	9.1
1980	20.7	69.8	9.5
1985	22.9	66.6	10.5
1990	26.0	62.6	11.4
1995	29.6	58.8	12.1

出所）『平成10年版　厚生白書』p.49より作成

したものである．それによれば「夫婦と子ども」という夫婦家族のありふれた定義の形態は減少傾向にあり，「夫婦のみ」と「片親と子ども」がふえている．「夫婦のみ」は，今後も増加するものと予想され，少子化もそれにつれて進行するであろう．また「片親と子ども」は，配偶者との死別や未婚での出産もさることながら，離婚の増加もこのなかにはいるであろう．今後は単独世帯，未婚者や高齢者の共同生活の世帯が増加していくことが考えられる．

　さて，先行する技術的文化と後続する社会観念がどの程度ズレているかによって，社会生活にさまざまな不適応や混乱が生じる．家族もその例外ではない．世代のちがいによって，家族像はそれぞれ変化していくであろう．その一方で

夫婦家族制のもとで「しつけ」に根づよい関心がもたれている．家族の親密性の強さが，公共性の衰退と表裏にあることをしめしている．ともあれ，家族は外からうかがいしれないプライバシーにつつまれている．

戦前の家族制度の下では，家長は封建的であり，強力な権限でメンバーを統制していたといわれる．家長の役割は数世代にわたって同居するメンバーの生活を保障することにあった．家長という地位にある限り，家長は権限をもつと同時に，家制度に拘束されていたのではなかっただろうか．拡大家族のよさを夫婦家族の欠点に置きかえるのではなく，家族問題は，歴史とともにその内容を変えてきているのである．

(2) 家族機能の外部化と「私化」

家族集団が，全体社会からみたときに果たすはたらきを家族機能という．したがって家族機能は，歴史的，社会的条件とともに変化する．自給自足的な社会においては，家族は自己完結的であった．この近代以前の家族の機能は，経済的機能，地位付与機能，教育機能，保護機能，宗教的機能，娯楽機能，愛情機能という機能を果たしていた．近代化にともなって経済的機能から娯楽の機能までは，企業や学校 国家，レジャー施設などに吸収されて家族のなかでは弱まっていく．家族機能の外部化ないしは縮小化は，産業化や都市化あるいは世俗化との関連でみると，積極的な評価もできる．機能の外部化は，愛情の機能だけを残し，機能を性と生殖と第一次社会化に専門化させた．「制度から友愛へ」は，この専門化にもとづいた家族形態だった．産業化のすすんだ社会では，経済や宗教，階層そして家族などが社会的単位として専門化し自立性をもち，構造的分化を経験する．家父長制のもとでは，長男が家産を管理し家族のメンバーを統率し，さまざまな機能をもっていた．しかし近代化は核家族に分化させ，家産をまもるという中心的な役割を機能からはずした．男女が家族をつくり，規模をできるだけ小さくしながら産業の変化に適合できる役割をになうような家族になったのである．

こうして構造的分化がすすめば，愛情以外の機能は，かならずしも家族になくてはならない機能ではなくなる．むしろパーソナリティの安定化という機能に，積極的な評価をみいだす方が大きいのである．

このように家族機能の外部化によって，近代家族のモデルができる．それは，次の8項目のようである（落合恵美子『家族の言説』）．

（1）家内領域と公共領域との分離
（2）家族構成員相互の強い情緒的絆
（3）子ども中心主義
（4）男は公共領域・女は家内領域という性別分業
（5）家族の集団性の強化
（6）社交の衰退とプライバシーの成立
（7）非親族の排除
（8）核家族

このなかで他の項目にもっとも影響しているのは，（1）であろう．それは他の項目はこの土台から派生しているともいえるからである．こんにち，地域社会のさまざまな集団へ参加することにためらうようになるのも，これがネックとなっているからである．セネット（Senett, Richard）は，18世紀のロンドンやパリのコーヒーハウス，カフェやパブでの社交性をえがいている．そこは感情をおさえながら，ここまで生きてきた自分といまの社会的地位をできるだけ語らず，「会話の技術」だけでその時間をすごす場所であったという．話し言葉は自分と見知らぬ他者のあいだの距離をとる道具として役にたった．「会話の技術」は，さまざまな階層の人々の橋渡しをして「公」の秩序をつくっていたのである．「会話の技術」は居酒屋などで見知らぬ人と同席したとき，意気投合するためのものではない．相手から遠ざかりつつも，離れを防ぐという，距離化の技術を洗練させることなのである．このような社交性いわゆる公的な秩序の解体こそが，私生活主義 privatism をまねくことになるのである．

こうして家族は公的領域との断絶を深めていった．それはちょうど経済学で

いう，国有財産などの公有財産を民間部門（私的所有）に移す私有化 privatization にたとえられる．ここでは公共領域から離脱した家族領域にたとえて，これを「私化」として表わすことにする．

さて社交性が衰退するにつれて，新しく「安定した個性の形成」が家族の機能として加わる．個性とは，その人が独自で自分の考えや行動をうみだす精神的かつ身体的な体系とされる．だから個性とは精神的な内部の性質が，身体をとおして外にあらわれたものである．したがって「外見」の身体のちがいが個性を際だたせる手っ取り早い手段となる．また個性は他者のあいだで自分というものが自覚され，それを主張するという自意識によってコントロールされる．自分をコントロールする感覚は，経験の終わった後でやってくる．現在の自分と，ここまで生きてきた自分との対比が自分を定義するよりどころとなる．三つ目は個性がある瞬間に感ずる自由である．つまり自発性の感覚は，個性の一要素となっている．

個性はまず家族の場で形成される．家族のメンバーは，いつもおたがいに「行儀正しく自分を見せ」あわなければならない．外見への警戒を怠らないようにすることが，安定した個性の形成に必要であるから，気が抜けないのである．夫婦のあいだで，また親子のあいだでつくられた愛情はいつもかわらない外見を要するのである．この家族の秩序を築きあげる努力は，核家族の形態と似ている．図表 5 - 1 の家族の要素単位からもわかるように，核家族は役割演技の数を減らす．祖父母もいなく，先祖の祭りかたにも「懐かしい物故親近」のみを祀るという質的な変化が，演技者の数の減少結果である．大人は配偶者と親の役割を演ずるだけでよい．男性は職について仕事に熱心であり，高い収入をめざし，家族を社会に適応させるという手段的役割を遂行する．一方女性は子どものしつけを中心として子どもをかわいがる情緒的雰囲気をもちながら，家族のメンバーをまとめる表出的役割を果たす．子どもは親のあたえる愛情と役割期待とを，ただひとつの性別役割モデルとしながら個性を発達させる．

公共領域は，伝統的に非個性的であり複雑な世界である．人間関係における

表現や行動をたくみにおこなうテクニックや儀礼を重んじる姿勢は，公的な世界の輪郭をはっきりさせていた．これに対して家族領域でおこなわれる個性化は，秩序の単純化によりかかりながらつくられる．公共領域と家族領域は，かんたんに行き来することのできない深い溝をつくってしまったのである．二つの領域が離れれば離れるほど，家族領域が公共領域に対して引く境界線はあいまいになり，家族のメンバーの関係は不安定になる．

その不安定さは，次のようにあらわれている．ひとつはこれまで論じてきた公的領域のうち，近隣関係が社会的距離の近隣を意味し，ネットワーク的な友人感覚にもとづくつながりになったため，地理的な近隣同士でお互いに助け合うことは少なくなった．これが余暇活動とむすびついて「私化」をいっそううながしている．余暇にもとめる目的が，「友人や知人との交流を楽しむ」ことや「心のやすらぎ」をもとめたり，「身体をやすめ」，「家族と交流を求める」ことなどにみられるように，かつての互助的な近隣から友人や家族中心の余暇のすごし方にかわってきていることがわかる．また家族に休息をもとめるのは，私化した家族が競争社会にもっとも適した形態であることを物語っている．最後に，1994年には共働き世帯が943万世帯となり，妻が無職の片働き世帯の930万世帯をこした．共働きだけがその原因とはいえないが，家族の「しつけ」の低下も指摘されているところである．

(3) 現代家族とジェンダー

共働き世帯の増加は，家庭内において家庭内女性が表出的役割と手段的役割を，男性が手段的役割と表出的役割とをそれぞれかねることであった．1970年代からの共働きの増加にによって，夫婦はこのようなお互いの役割の乗りいれに移行することを期待された．期待はやがて，生物学的な性差をこえていく．すなわち社会化によって形づくられる「女らしさ」と「男らしさ」は，お互いに対してどれだけ対等になれるのか，また社会的に不平等なのかという方向にむけられる．「女らしさ」や「男らしさ」は一方的にしかも過大にイメージさ

れている．というのもそれらのイメージがマス・メディアなどによって，手ばやくかつくりかえし日常生活のなかで展開されるからである．こうして女性か男性かであるゆえに，制度や組織のなかで性別分業が固定化されてしまう傾向をジェンダー・ステレオタイプという．結婚した女性にとって，正規の従業員として働きながら，家事をこなすという役割期待が課せられるのは，その例のひとつである．このように性差はたんに生物学的なちがいだけでなく，社会的不平等という差異となってあらわれることがある．それがジェンダーである．以下では，いくつかのジェンダーの局面をあつかってみよう．

家事労働　家事労働とは，女性が家庭のなかでする「無給の仕事」としてみられている．具体的には，家庭のなかでメンバーに細やかな気配りをしながら家庭を上手にまとめつづけること，それに洗濯や料理などはもちろん子どもの世話まで，家庭の仕事とされている．

ところが，女性が有給労働に従事するようになると，家事労働は女性のもの，というあたりまえにおもわれたことに，疑いを差しはさむ動向が女性の側から出された．夫婦家族が歴史的につくられたように，自由企業システムの深化によって，有給の共働きという新しい家族が形成されてきた．とりわけ新中間層の夫婦のあいだでは，お互いに賃金を得て家事もこなすライフスタイルを選ぶようになっている．ただ，男性は家の外で仕事をし，女性は家の内での仕事をする，というスタイルが圧倒的に多い．家庭の内の仕事はどれも，整理整頓のくりかえしである．しかも単調で時間はこま切れであり，一日中動いていなければならない．

1990年代にはいっても，仕事をしているか否かにかかわらず，女性にとって家事労働は負担であり続けている．かといって男性の家事労働への参加は，働く女性の増加に比べると，それに見合うレベルにはとどいていない．とりわけ既婚の女性が有給の仕事をもった場合，負担をふやすだけというのが現状である（図表5－3および図表5－4）．

女性の高学歴化と雇用　女性の晩婚化が，少子化とともにメディアにしばしば

図表5-3　既婚女性が働くことの短所-「余裕がない」、「過重負担」

「既婚女性が働くことは、家庭生活にどのような長所・短所があると思いますか（○は1つ）。-短所」

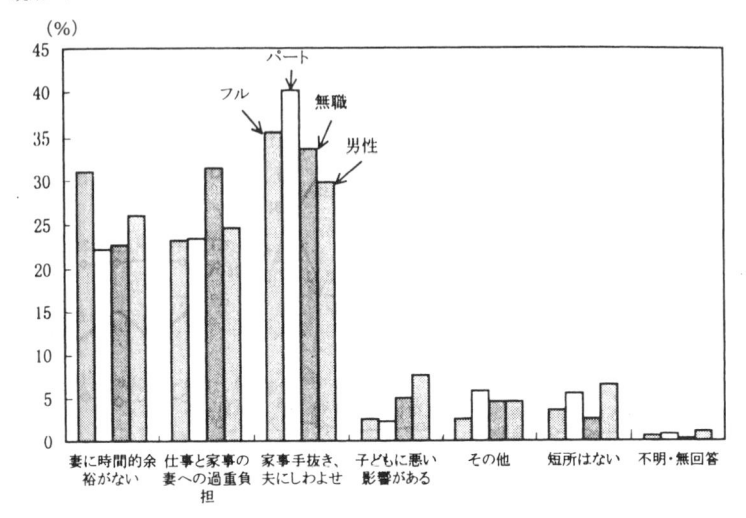

（備考）　1．経済企画庁「国民生活選好度調査」（1997年）により作成。
　　　　2．「家事手抜き、夫にしわよせ」は「夫にしわよせがいく」「友人との付き合いが充分にできない」「家事が手抜きになる」をあわせたものであり、「その他」には「収入に比べて出費が多くなる」が含まれている。

出所）『平成8年版　国民白書』p.83

図表5-4　男女で差がある共働き夫婦の理想の家事分担

「夫婦間の理想の仕事・家事分担についてお聞きします（○は1つ）。」

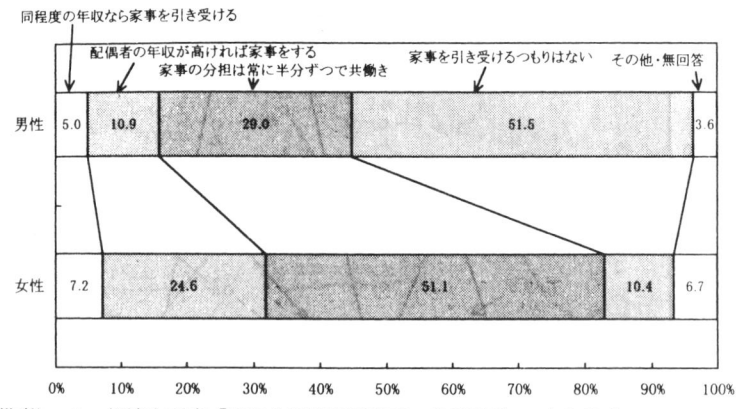

	同程度の年収なら家事を引き受ける	配偶者の年収が高ければ家事をする	家事の分担は常に半分ずつで共働き	家事を引き受けるつもりはない	その他・無回答
男性	5.0	10.9	29.0	51.5	3.6
女性	7.2	24.6	51.1	10.4	6.7

（備考）　1．経済企画庁「国民生活選好度調査」（1997年）により作成。
　　　　2．実際に共働きである男女の回答。

出所）『平成8年版　国民白書』p.86

登場するようになった．原因のひとつは，高学歴化にある．1950年代，女性の大学への進学理由は，結婚のために主として人文科学系の分野に進むことであった．とりわけ短期大学は，女子の高等教育への進学率の向上を決定づける土台となった．しかし企業にあって女性であることは，おおむね男性のような仕事につくことはむつかしかった．日本の企業の特徴は和を強調しながら，企業戦士に象徴されるように，男性を企業内の激烈な競争のなかにおいこむ．一人の勝者のかげにいる多くの敗者を救ったのは，下積みの女性である．また男性従業員は電話の取次ぎから書類の作成，掃除などの雑用を女性従業員に担ってもらうことで，それらから解放された．女性は来客や同僚の男子従業員にお茶をだしたり，昼食の注文までをひきうけ，男性従業員が仕事に専念できる環境をつくった．

1970年代のなかばから，パートタイマーもふくめた女性の労働力率は，飛躍的にのびた．なかでも高学歴は専門職，技術職，管理職への道をひらく可能性をもたらしたのである．そして1980年代のなかばからは経済のサービス化にともなう第三次産業への就業率が高まる（サービス経済）とともに，女性の職場進出はさらに増えた．男女雇用機会均等法（1986年）の施行も女性の職場の環境をととのえる役割をはたした．それにつれて女子の大学進学率はのび，その率のうち社会科学系あるいは工学系への進学率のしめる割合が増えるようになった．高学歴の魅力は，「就職・結婚して退社」よりも「就職・昇進・収入」にあり，就職に対する意識も変わった．それゆえ高学歴をいかして「結婚後も子育てをしながら働き続ける」ことが，彼女たちの理想である．しかし現実には子どもが成長するのを待って再就職することが，ライフコースとなっている．図表5-5は，女性が働く理由の類型である．

主婦が働く理由として「生計の維持」，「家計費の補助」，「将来に備えた貯蓄」「自分で自由に使えるお金を得る」が，多くを占めている（『国民生活白書』（平成9年版）p.23）．図表5-5の類型でいえば，主婦は「家計補助志向型」におおく集まっているといえよう．終身雇用制がゆらいでいる現在，共働きの理由

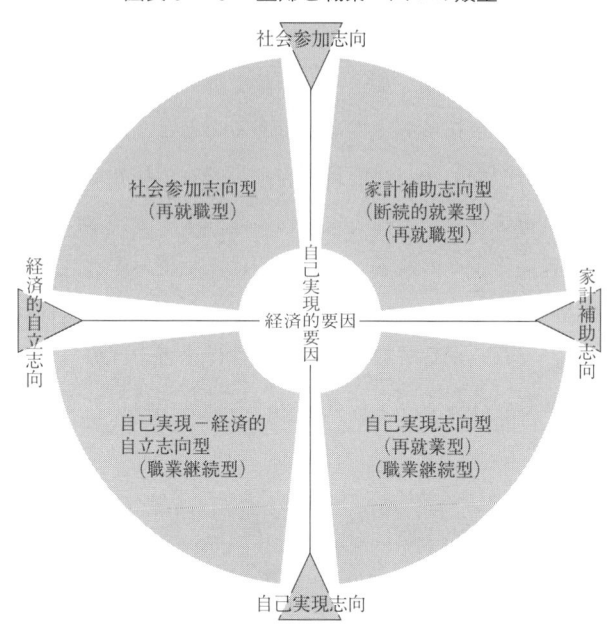

図表5－5　主婦と職業－四つの類型

（中央上）社会参加志向
（中央）自己実現志向／経済的要因
（左）経済的自立志向
（右）家計補助志向
（下）自己実現志向

- 社会参加志向型（再就職型）
- 家計補助志向型（断続的就業型）（再就職型）
- 自己実現－経済的自立志向型（職業継続型）
- 自己実現志向型（再就業型）（職業継続型）

類型
（1）家計補助志向型：経済的要因（教育費・生活費など）を理由に働くタイプ
（2）社会参加志向型：収入とともに仲間が欲しい，家庭に閉じこもりたくないタイプ
（3）自己実現志向型：収入より表現活動（音楽・絵画・陶芸など）をとおして自己実現に重点をおくタイプ
（4）自己実現－経済志向型：専門職に従事するキャリアタイプ

出所）布施晶子「兼業主婦主流の時代」『夫婦・家庭』（講座　現代・女性の一生 4）弘文堂　1974年　p.259より

は，フルタイマー，パートタイマーにかかわらず生活にとって家計補助の傾向にあるといえる．そしてまた女性にとって結婚→出産→再就職というコースを実現させることは，現実にはなかなかむつかしい．結婚まえに就いていた職にもどるとなると，いっそうきびしくなる．男性にくらべて出産，育児，介護，そして公的年金やパートの税制の問題など，女性の働く環境の整備されるべき課題はおおい．またフルタイムで仕事をしているか，あるいはそれ以外の就業形態かによっても待遇はちがってくるだろう．さらには個人的な技術とか資格

よりも，男性であるか女性であるかが，仕事のタイプとか昇進の機会あるいは賃金に大きく影響していることも現実である．

「男らしさ」とは何か　「女らしさ」（女性性　feminity）のイメージや役割モデルは，家庭的であることのうちに依存性や受動性，服従性などの特徴をもつ．これにたいして「男らしさ」（男性性　masculinity）とは，家庭の外にあって活動性，たくましさ，攻撃性，指導力や判断力という役割モデルに象徴される．高度経済成長期の企業戦士に代表される「男らしさ」とは，会社のために滅私することによって社益をあげることであった．それによって会社と，それと一体となった自己への自信をもつことができたのである．滅私は会社のためになされるからそれへの恩義をもつことはあっても，広く社会につながらないのである．さらに家族への「すまないおもい」をもちつつも家族を犠牲にせざるをえない．すなわち人にかまわず「頑張る」とか「真面目」という価値をもつことが，男らしさの証明であった．とりわけ戦前派，戦中派といわれる年齢層の人々の戦争体験のうち，悲惨な戦争を再びおこすことのない社会をつくりあげるために懸命になった考え方がある．もう一つは当然死ぬと思っていたのに，思いがけず生き延びた「オマケの人生」を死を恐れず生きるタイプである．これが滅私をささえた高度成長期のエートスの代表的な二つである．

ところが「猛烈社員」が滅私する会社は，抽象的でこそあれ，ハッキリした「顔」はもっていない．組織が巨大化すればするほど，抽象の程度は高くなり，何に滅私しているのかその理由や責任をみつけだすことは困難となる．職業上のキャリアの上昇をめざして「業績の数字」を向上させるという欲望をささえる積極性と勤勉は，無限をめざすゆえに「根深い虚無感」を隠さなければならないという矛盾をはらんでいたのである．「モーレツからビューティフルへ」（1970年）というＣＭの小さいキャッチフレーズは，高度成長期をささえた伝統的な「男らしさ」への挽歌をフィーリングにたくしたものといえよう．

さて，時期をほぼおなじくして「男らしさとは何か」を問うのは，社会進出をしながら意識変革をはじめた女性たちであった．その問いとは，女性をと

おして家父長制が男性自身の問題であるということを指摘したことにあった．ジェンダーがそうであったように，男性性を決めているたくましさや所有欲や指導力などといった性質は，性の本質性ではなく，文化的でしかも歴史的に形成されたものであるということになる．

1980年代の男性性についてのさまざまな論争をへて，1990年代には「男らしさ」にたいするスタンスが，いくつかの方向に分かれてきた．第一は，これまでと変わりなく，生物学的な性にこだわりながら男性性を理解してきた保守的な考え方の系列である．良くも悪くも多くの男性は，これを受け入れているとおもわれる．次にフェミニズムの理論にもとづき，脱男性化（男をやめるのではない）をめざしてジェンダー，家父長制，性的役割などを根底から考えなおし，女性との平等を築きあげようとする立場である．第三は「男性の権利」を主張する立場もある．男性もまた家父長制とセクシズムの犠牲者であるというのである．

いずれにしても家族活動の分化は，産業構造の高度化につれてすすむ．「男らしさ」は伝統的な男のよりどころに変わる場所をつくらなければならない．それは男女の関係が固定した「安住の地」ではもはやなく，つねに変化に対応しながら不測の「地を移動」する経験への準備を怠らないことにあるようだ．

3. 家族変動

(1) 成人のライフコースの変容

拡大家族から核家族への分化は，年長者の統制の弱まりとともに家族の結合を弱める．このことは恋愛結婚にもとづく配偶者の選択，家族機能の外部化によって残った愛情の概念の発達などによってさらに多様化する．そして共働きの増加は，女性の経済的自立をうながしており，結婚はかつてのように人生の大きな問題として受けとめられることではなくなった．さらに一代かぎりの核家族の増加は，財産や地位を子に残すということもない．「DINKS」という流行語にもあるように，自ら子どもをもたないと決めている共働き夫婦は，この

第5章　現代家族のゆくえ　107

典型的な形態である．

　子どものいる夫婦の場合はどうであろうか．高度経済成長がおわってみると，家庭内の夫であり父親である男性は，長時間労働と遠距離通勤，技術革新による労働強化，さらには単身赴任などによって，家族の権威（いうことをきかせること）を維持することができなくなった．また子育てにしても，接触する時

図表5－6　ライフコースの変化と新しい成人期発達（成人の社会化）

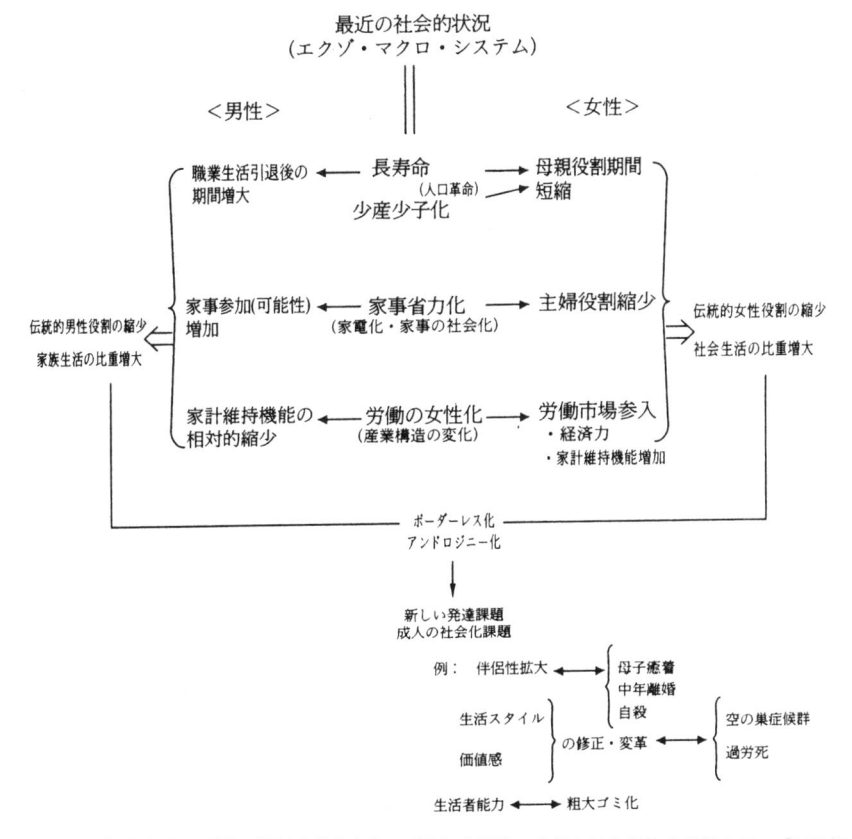

```
                        最近の社会的状況
                     (エクゾ・マクロ・システム)

           <男性>                              <女性>

      職業生活引退後の ← 長寿命   → 母親役割期間
      期間増大          (人口革命)    短縮
                       少産少子化

伝統的男性役割の縮小   家事参加(可能性) ← 家事省力化 → 主婦役割縮小   伝統的女性役割の縮小
家族生活の比重増大    増加           (家電化・家事の社会化)            社会生活の比重増大

      家計維持機能の  ← 労働の女性化 → 労働市場参入
      相対的縮小       (産業構造の変化)  ・経済力
                                       ・家計維持機能増加

                        ボーダーレス化
                        アンドロジニー化

                        新しい発達課題
                        成人の社会化課題

                例： 伴侶性拡大 ← → 母子癒着
                                      中年離婚
                    生活スタイル        自殺      ｝ 空の巣症候群
                    価値感     の修正・変革 ← →   過労死

                    生活者能力 ← → 粗大ゴミ化
```

出所）柏木恵子「性別役割分業的家族の破綻と父親像の変貌」日本家族心理学会編　『21世紀の家族像』金子書房　1996年　p. 26より

間がすくなく，世代間の生育環境のちがいによって生ずる葛藤は，「断絶」という流行語であらわされた．かわって妻や母親が家庭生活をリードするようになったのである．

　家族のために必死になって働くことは，男性の独占とするところであった．専業主婦としての女性は，毎朝，家族の食事の準備からはじまり，男性の出勤や登校に世話を焼き，義父や義母の介護をし，夕飯の準備をして男たちの帰宅を待つ．民法の「夫婦は同居し，互いに協力し扶助しなければならない」（第752条）は，実質的にこうした性別役割分業にもとづいた夫婦家族を「幸せな家族」としていたといえよう．

　しかし平均寿命ののびは，成人期の社会化を図表5－6のように変えた．1970代なかばあたりから，子どもの数は二人と，少子化傾向をしめすようになった．1998年になると，合計特殊出生率は1.38人と急減した．そして家電化と家族機能の外部化は，主婦の家事労働を軽減した．さらに第二子を30歳前後で出産すると，その子が30歳前後で結婚すると60歳前後となる．あとは「空の巣症候群」をどのように乗りこえるかが，夫婦の課題となるはずであった．しかし80歳をこした女性の平均寿命ののびは，妻たち，とりわけ専業主婦の「物語」を記述する時間のゆとりをもたらす．「もっと別な人生があったのではないか」と「妻たちの思秋期」がはじまる．

(2) 離婚

　「性格の不一致」　核家族世帯の夫婦は，なによりもフィーリングを大切にする．したがってフィーリングがあわなくなると，一緒に生活している意味もなくなる．自由意志でお互いを選択する恋愛結婚は，「性格があう」ことをなによりも重視するからである．相手以外の異性を排除することが，それの証となるのである．

　これにたいして離婚は相手に干渉されない領域を広げていくことである．お互いが関係を修復しようと努力するにもかかわらず，それがうまくいかない

と，「性格があわない」と思いこんでしまう．離婚は二つ以上の理由でそこにいきつくが，もっとも多い理由は，この「性格の不一致」である（1998年で夫63.5％，妻46.6％）．次に夫は「異性関係」（20.9％），妻は「暴力をふるう」（31.3％）である．三位は，夫が「自分の家族との折り合いが悪い」（20.1％）をあげ，妻は「異性関係」（29.3％）となっている．妻のほうでは「生活費をわたさない」（22.4％）も離婚の大きな理由になっている．

こうしてみると離婚も，結婚とおなじように「市場の過程」であることがわかる．また離婚によって親権者となって生じた悩みを『平成10年版 厚生白書』は次のように報告している．男性は「子どものこと」（69.6％），「仕事と子育ての両立」（49.4％），「家事のこと」（42.6％），「経済的なこと」（28.6％），「再婚のこと」（28.0％　ちなみに女性は8.6％），「親のこと」（28.0％）などを回答している．女性は「経済的なこと」（73.0％），「子どものこと」（66.8％），「仕事と子育ての両立のこと」（43.5％），「就職のこと」（27.0％），「あなたの健康のこと」（25.4％　ちなみに男性では22.0％）の順となっている．「離婚したこと」については男性（21.4％）よりも女性のほうが悩まない（9.7％）．これらの男女の回答からうかがえることは，「愛情」を基礎としている結婚が，性別役割分業のうえになりたっているということである．離婚は男性にとって子どもの世話や家事に，女性にとっては経済的自立とそれに必要な就職にそれぞれ負担となっていることからそれがうかがえる．これは離婚後，親権者の8割が妻となっているからである．

ところで役割分担は，結婚生活をはじめるときに互いに理想としたマイホームであったはずである．性別役割分業は，恋愛の規範性のかげにかくれているが，恋愛の規範性とは役割期待にほかならない．なぜなら二人できずきあげるマイホームは，マイホームという集団の共通の目標となるからである（マスコミ用語では「二人の愛の巣」といった表現がある）．恋愛は個人の情緒的な満足を追求する主観的な「充足価値」にもっとも重点をおいている．しかし集団を維持していくためには，充足価値をコントロールする「献身的価値」がなく

てはならない．これらは，ほんらい対立する価値である．したがって「充足的価値」（恋愛）の延長線のうえに「献身的価値」（家庭生活）をおくことは無理なのである．だから理想と現実のギャップにきづいたとき，「性格の不一致」があらわになる．二人関係においては，「親密性」と「陳腐」が裏表の関係にあることを忘れてはならない．

　民法では，婚姻も離縁（協議離婚）も当事者同士に任せられている．これは「好きで一緒になったのだから，嫌いになったら別れる」という個人の選択を重んじる論理にしたがっているようにみえる．しかしそれは表向きの理由ともいえる．離婚した同士が「あなたの健康」を気づかったり，「子どもの情緒」に心をくだく（男性40.2％：女性43.5％）ところからうかがえることは，夫婦が「役割期待のズレの許容度」すなわち「献身的価値」をつくりあげることにつまづいたことを暗示しているからである．ただし許容度や献身的価値は，当事者の解釈の多様化にもとづいていることを無視してはならない．

　破綻主義　離婚の方式は，大きく協議離婚と調停離婚，裁判離婚にわけられる．協議離婚は「縁組の当事者は，その協議で離縁をすることができる」（民法881条）という当事者の合意によって成立する方式である．調停離婚とは，家庭裁判所に調停申立てをし，和合成立ないし離婚成立にいたる方式である．裁判離婚とは，離婚の原因が「配偶者の不貞行為，配偶者から悪意の遺棄をうける，配偶者の生死が三年以上不明な場合，配偶者が強度の精神病で回復の見込みがない場合，その他婚姻を継続し難い重大な事由がある場合」（同770条1項）をさす．協議離婚は，両性の平等にもとづいた当事者の自主性や自由性を尊重する．しかし裁判離婚は，離婚の意志をもたない者に対して離婚を強制する．裁判であるからには提訴する側とされる側の利益と損失にかかわることであり，この比較にたいして社会的な制裁の評価をむつかしくしている．

　離婚のおもな原因は，親族間の人間関係や土地への愛着を感じられないといった集団的原因から，当事者本人の個人的原因へと移行している．また家という大きい単位から，夫婦の精神的で情緒的価値を中心とする心理的原因に移り

つつある．とするならば，今後は「その他婚姻を継続し難い重大な事由がある場合」のような相対的離婚原因がより広く解釈されよう．このような離婚原因の比重の移行は，なによりも夫婦の実質的な愛情にもとづいた共同生活を前提としている．したがって共同生活の回復の見込みがない場合，結婚は崩壊しているとみなされる．現代では離婚原因をつくった側からの離婚請求をみとめないという有責主義よりも，結婚も自由なら離婚も自由という破綻主義の傾向がみられるようになっている．破綻主義は，恋愛結婚によってもたらされる情緒的個人主義に一石を投ずる．それは夫婦といえども洗練された社交性の必要性，すなわち距離化の再考をせまっている．夫婦はコンパニオンシップあるいはパートナーシップにもとづくべきである，という言説はそれをいいあてているようだ．

【引用・参考文献】
青井和夫監修・湯沢擁彦『家族問題の社会学』サイエンス社　1981
アリエス，F.（杉山光信・杉山恵美子訳）『子どもの誕生』みすず書房　1980
有賀喜左衛門『有賀喜左衛門著作集ⅩⅠ』未来社　1971
間　宏　編『高度経済成長下の生活世界』文眞堂　1994
間　宏『経済大国を作り上げた思想』文眞堂　1996
『夫婦・家庭　講座　現代・女性の一生4』岩波書店　1985
伊藤公雄『＜男らしさ＞のゆくえ』新曜社　1993
井上　俊「恋愛結婚の誕生」『死にがいの喪失』所収　筑摩書房　1973
井上忠司『「家庭」という風景』日本放送協会　1989
厨川白村「近代の恋愛観」『東京朝日新聞』1921年9月30日〜10月29日
鹿野政直編・解説『近代日本思想体系34　大正思想史Ⅱ』所収　筑摩書房　1977
熊倉功夫『文化としてのマナー』岩波書店　1999
青山道夫・竹田旦・有地亨・江守五夫・松原治郎編『講座　家族4　婚姻の解消』弘文堂　1974
厚生省監修『平成10年度版　厚生白書』
ラプトン，D.（無藤　隆・佐藤恵理子訳）『食べることの社会学』新曜社　1999
森岡清美編『社会学講座3　家族社会学』東京大学出版会　1972
森岡清美『家族変動論』ミネルヴァ書房　1993
中村祥一「性・人間・社会」『日常経験の社会学』所収　世界思想社　1981

日本家族心理学会編『21世紀の家族像』金子書房　1996
ジンメル, G.（居安　正訳）『集団の社会学』ミネルヴァ書房　1972
セネット, R.（北川克彦・高階悟訳）『公共性の喪失』晶文社　1991
パーソンズ, T.・ベールズ, R. F.（橋爪貞雄他訳）『家族』黎明書房　1981
上野千鶴子編『現代社会学19　＜家族＞の社会学』岩波書店　1996
山崎正和『おんりい・いえすたでぃ　'60ｓ』文芸春秋　1977

第6章　社会的身体・健康・スポーツ

1. 社会的身体

(1) 鏡に映る自分

　人は，自分の顔や姿を鏡に映してみる．これが毎日のこととなると，鏡に映っている自分と，それをみている自分が同一の人物だということに疑いをはさむことなどめったにしない．しかしそうであろうか．朝起きて私は鏡をのぞく．私は鏡にどう映っているのか，髪に寝グセがついていたりすると大急ぎで整髪しなければならない．それを仕上げて私は満足する．こうしたプロセスを，「鏡をみる私」は経験している．しかもこのプロセスをよくみると，私の身体は主体として私のものである．しかし一方で，鏡をとおしているとはいえ，私は鏡に映った「私という他者にみつめられて」もいる．クーリー（Cooley, Charles Horton）は，このプロセスを「鏡に映った自己 looking-glass-self」といった．「鏡」を他者にみたて，他者のなかに私をみることを，そうたとえたのである．このたとえはみるということと精神を同等とし，優先していることでは限界をもってはいる．しかし鏡のなかの私の顔をみるとき，寝グセや顔色という物理的なあるいは生理学的な身体をみていると同時に，恥ずかしさや心配という価値の付いたものとして身体をみている．すなわち私はこの身体を他者からもみられているのである．私たちはこうして私が誰であるかということを，他者をとおしてみているのである．

(2) 精神と身体

　自己は，さらにミードの身振りの考え方において詳細になる．ミードによれば，身振りは他の有機体のかわりに，ある反応を刺激する有機体の行為であるという．うなり声をあげている犬は，相手の犬がうなり声をあげるよう挑発す

るだろう．それは「身振り会話」の結果としておこるのである．動物にとって，こうした反応は衝動や本能にすぎない．ただし人と人の「身振り会話」では，この過程が有意味シンボルと音声身振りによることになる．しかもコミュニケーションは，さらに複雑で自分とも相互に作用しあう内省的反応を思いおこさせる．ミードによれば，コミュニケーションは，身体になじむように学習された感覚を共有する過程をまって，なりたつということになる．その中心は言語にほかならない．私たちは自分の精神でものを考えるが，社会でもって自分の精神を考えてもいるのである．精神を身体といいかえると，身体は社会的身体により近づく．「身を焦がす」，「身に余る」，「身を抓む」など身体をたとえにするコード化された表現は，身体がコミュニケーションの基点であり，かつ情報の発信源となっていることを示している．私たちの精神が社会過程においてつくられるように，絶対的に個別化された身体は社会的身体としてしかありえないのである．ただミードは物理的身体よりも，身体に内面化された態度や価値と他者とのかかわりに比重をおいている．

　他者を知るとき，私たちは相手の身体を基点にしていることをあたりまえのこととして出発している．しかし社会制度が身体にどのように内面化されているのか，また身体を出発点として社会制度をどのようにとらえなおすことができるのか，「身をいれて」考えてみたい．

(3) 身体技法と社会的身体

　身体は，さまざまな文化的な意味に拘束されている．モースは，身体の姿勢はその社会独自の型 habitus すなわち習慣 habitude をもっているといった．それが身体技法である．歩く，座る，食べるなどの動作は文化によってコード化されているということである．そして「《習慣》というものは，個々人や彼らの模倣とともに変化するだけではなく，とりわけ，社会，教育，世間のしきたりや流行，威光とともに変化する」という．したがって習慣のなかにみいだせるものは，技法と，集合的であれ個人的であれ社会にたいする「おおよその

論理」である．身体は技法対象であるとともに技法手段でもある．

　習慣の具体例として，私たちの生活では，食事の回数は朝・昼・夕（夜）の三回である．この回数はいまから200年くらいに定まったといわれている．戦国時代の食事は不定期で，江戸期になってもそれが続いた．江戸期の朝夕の食事時間の感覚は，現在とはちがっている．朝食は午前8時ないし10時で，夕食は午後2時，4時，5時と不定期であった．現在のように夜の燈火をもたないこの時代，日の長短，燈火用の油の高値などの要因が，三度の食事を日暮れまでに済ませるような習慣をつくったのである．しかし，1887年日本橋南茅場町に火力発電の建設がはじまり，以後地方にも普及した．これによって人々の身体の活動空間と時間は大きく広がった．電力は産業をささえるエネルギーとなって，おびただしい工場労働者やサラリーマン，学生をうみだした．これらの層は時間で規定された生活をするようになるので，弁当を必要とした．

　このように電灯と時間は，食事の時間を社会の時間に合わせるような習慣をつくりだしたのである．食事という生命の根本をささえる習慣でさえ変化するということは，身体が社会的・文化的に構成されたものであることをはっきりとあらわしている．食べるという動作が，新たにコード化されたのである．

　もうひとつの社会的身体の例をひいておこう．美容の用語にボディ・ケアということばがある．それは，マッサージや脱毛，また健康な身体をたもつためにさまざまなケアをすることである．これは私たちが，二つの身体をもっていることを暗示している．一つは物理的身体である．たとえばマッサージには，血液の循環をうながし，神経をリラックスさせ，皮膚の弾力性をたもつという効果がある．

　しかし，この効果は人を無関心にさせておかない．ひとは他者の身体を自分の鏡としてもとめるように，物理的身体にたいするマッサージの効果を，私と似た相手の身体のなかにも感じることができるからである．またボディ・ケアは，広い意味でライフスタイルを表現する．ボディケアに関連していえば，エステティック，デオドラントといった日常ききなれたことばは，身体の審美性

をたかめたり，身体の発する「におい」を防いだりすることを意味する．身体加工は，身体をとおして好感をいだいたり信頼したりすることというコミュニケーションでもあるということをしめしている．人は内面を深く理解することによって相手に到達することもある．こうして，消費文化のなかにいる私たちは，身体をもっていることで，欲望の様式を規定される．つまりこのような身体の表現は，ナルシシズムというパーソナリティをつくり出す．ナルシシズムには，老いや死を強く怖れる．ほかにも私を中心としてモノを考えること，人からほめられないと生きていけないこと，それでいて競争を恐れる，という特性がある．身体と精神が深く結びついている例である．

　人の誕生は身体をもつことから始まり，身体をとおして自然にはたらきかけ，社会的に規制されながら他者とコミュニケーションをとる．社会生活をとおして身体の各部位や動きは，言語によって分節化されていく．たとえば相手の要望にたいして首をたてに振るという身体のしぐさは，私たちのあいだでは運動以上のことを意味する．うなずくというこの運動は肯定の意をあらわしているのである．ほかにも声質や対人的距離などの自己表現のあり方（赤面，涙，目つきなど）は，文化的秩序を経由した身体をとおしてはじめて意味をもったメッセージとなるのである．

(4) 習慣と象徴的資本

　習慣はいったん形成されると，変化しにくく，また変化させにくい．習慣のもつ反復性が，なぜ変わりにくいのであろうか．ひとつには長い間の行動の繰り返しによって身についた私の習慣は，不自然なものと感じられないからである．しかし禁欲しさえすれば，喫煙や偏食の習慣は改まると私たちは思う．ところがそうはいかない．それらは身体にしみついて，状況に応じて，私たちをそうした行動にしむけてしまうからである．

　社会化および再社会化の過程は，ものの見方や感じ方，振舞い方にある種の傾向をあたえる．ブルデュー（Bourdieu, Pierre）はこれをハビトゥスというこ

とばで概念化した．ハビトゥスは習慣にちかく，ブルデューは「持続性をもち移調が可能な心的諸傾向のシステムであり，構造化された構造，つまり実践と表象の産出・組織の原理として機能する素性をもった構造化された構造である」と定義している．ハビトゥスは心的諸傾向のシステムをつくりだし，それは実践と表象をうみだす．産み出された実践と表象は移調するだけであり，ウェーバーのいう目的合理的行為のように，未来に起こる状況をおしはかり，その予想を合目的的な行為の条件や手段として構造を変化させることではない．かといって構造の規則にしたがうわけでもない．主観的な立場には恒常を強調し，客観的な立場には実践の自由をのこしておく，これがハビトゥスの考えである．ハビトゥスは歴史的に産み出された個人的・集団的実践をなかだちとして，過去を積極的に日常生活と結びつける．

　さて，ハビトゥスは特定の階級や，それにつつまれている家族において形成される．したがって，身体は習慣という言語をとおして機能する．すなわち私たちは習慣を言語でコントロールしているのではなく，習慣という言語が私たちの身体を語るのである．私たちが習慣を意識的に統御して，いつでもかえられると思いつつ，なかなか習慣をかえられない理由は，そこにあるのではなかろうか．ひとの身のこなしには，その人の社会的世界に対する関係のいっさいがかかわっている．ブルデューはこれを象徴的資本といった．象徴が資本としてとらえられると，地位や階級に規定されながら，時間の経過のなかで変化し，再生産されていく．われわれの身のこなしは，階級等の先行条件によって規定されているから，マナーを身につけているかどうかという点で，その人の帰属性が判断されることがある．

2. 身体の秩序

(1) 権力の方法とその広がり

　身体技法および習慣などは，社会関係のなかで人の行動様式が統制される例のひとつとなる．他者の行動を統制する能力は，広く権力といわれている．統

制は，拘束や禁忌などのような抑圧によってあらわれるだけではない．フーコーは，身体を例にとりながら権力の生産過程を解きあかす．それによれば，たとえばヨーロッパの17世紀と18世紀の兵士のちがいがある．前者が生まれつき兵士に向いた身体つきをしているということで，兵士にすることができた．しかし後者になると，兵士になるために，理解可能なものと有用なものをめざして身体が造りあげられるのである．

　この造りあげられた，いわば従順な身体は，つぎの三つの手続きをへて形成される．第一は身体を取り締まる尺度である．これは身体をおおざっぱに扱うのではなく，身体に運動・動作・姿勢・速さなどを確実に与えることである．いわば身体を物体にたとえ，その運動に関する法則を発見するようなものである．二つ目は身体を取り締まりの客体とみることである．これは身体を尺度の水準に到達させるためにおこなわれるのである．すなわち訓練によって体力そのものを向上させることである．第三は，活動の結果よりも，その過程を重視する，取り締まりの方法や判断の仕方である．身体はつねに一定の強制権を行使されることで，その様相を維持する．こうした従順＝効用の方法をフーコーは《規律・訓練 discipline》とよび，その始まりを次のように記している．「デカルトがその最初のページを書き，医師や哲学者たちが継承した，解剖学＝形而上学の領域と，他方，軍隊，施療院における諸規則の総体」などであると．すなわち《規律・訓練》の「知」とは権力にほかならない．

　規律・訓練は権力の概念をさらにひろげる．なぜなら，規律・訓練は身体の能力の向上や拘束の強化をめざすだけでなく，それによって身体の力を効用の面では増加させ，服従の面ではそれを減少させるという，関係の技術をも生じさせたからである．

(2) パノプティコン

　イギリスの功利主義の主唱者として著名な，ベンサム（Bentham, Jeremy）は，「パノプティコン（一望監視施設）」という収容施設の建築様式を考えついた．

建築物の構造は，中心に塔を置き，それを独房に区分けされた円周状の建物がとりまくのである．塔の内側には窓がいくつもつけられている．独房には塔の方向に対応する房窓と，そこに光がさしこむ外側のものが二つあるだけである．塔のなかに監視人を一人配置しておけば，各独房は外側からの光線ですべてがわかる仕組みになっている．これは規律・訓練が生み出した重要な装置である．塔からの監視（権力）は自動的であり，しかもそこにある人格は没個性化されている．「身体・表面・光・視線」の配置によって個々人が監視される仕掛けがその特徴である．

　この建築物は，監獄だけでなく，病院や工場にも応用されていく．工場がパノプティコンを応用した場合，まず工場という空間で労働にかんする時間を規定することで身体のリズムをつくる．さらに個々人を比較しながら職務に配置する．職務はさらに職位に秩序づけられている．ハイアラーキーな組織であれば，上位から下位への命令系統の通路が確立されている．個々人が多種多様であるにもかかわらず，それをみとめつつ，所定労働時間内で一定量を産出するには，このような一望監視の応用に依存しなければならない．この方法は工場の生産体制を集中強化することで生産力を増加させることになる．そしていったんこうした体制が確立してしまえば，組織は「権力のエコノミー」として運営されるようになる．一望監視の方式は多様な身体を収容するので，統計学の出現と足なみをそろえて，身体の数量化を可能とした．

(3) 規律と訓練の結果

　フーコーは規律と訓練をさらに広く社会分析に応用する．18世紀から，都市人口の増加にともなって，規律と訓練の制度は拡大した．そして次のような側面もあきらかになった．第一に規律・訓練の目的は，流行病や犯罪などの危険を消すことであった．あるいは社会的に不都合をもたらす，さまざまなタイプの人を遠ざけることにあった．しかし，工場ではタイプに相応した適性をみつけることで，能率や生産高に結びつけたということである．第二は，やがて

規律・訓練は、施療院などの閉ざされた制度から、外へ自由な状態で広まり、かつ多様になった。各種の宗教団体や慈善団体が、住民の規律・訓練に果たしてきた役割をみると、反宗教改革運動から七月王政下のフランスにおける博愛運動では、回心や労働の奨励、不品行を注意し暴動を抑えるなどという事実にそれをうかがえる。ただし、このような、規律・訓練の治安の仕組みは、国家によって管理されてきたということである。

3. 健康と病気

(1) 健康と病気の意味

「健康とは病気でないこと、病気とは健康でないこと」健康と病気に対する日常の私たちのみかたは、こうしたトートロジーですまされているのではないだろうか。病気は医療技術にたよってはじめて、健康を約束される。それゆえ健康と病気は医学とともに発達してきた考え方といえる。ただし、健康と病気への関心は、時代とともに変化してきたと思われる。そこで、これまでみてきた規律と訓練の考え方にたって、身体でもっとも関心をもつとおもわれる健康と病気の関係をみてみよう。

まず、健康と病気の概念はどのように形成されているかということである。たとえば重い風邪の症状の人が病気だと訴えることと、骨折の人が起きあがって健康だと主張したとする。しかし両方とも病人であることにかわりはない。あるいは栄養失調による痩身とダイエットによる拒食症によっておこる痩身をどのように区別すればよいのであろうか。このように健康と病気の境界は、文化によって異なっているとともに、両者の概念が多岐にわたっている。というのは健康と病気に対する評価が、一様ではないからだ。病気と健康の関係は、望ましくないから改善したり矯正したりすべきと考えられる、心身の言説である。

その状態が正当化されうるように分析したのは、パーソンズである。かれは社会的規則と社会的統制の過程が、ひとつの重要な部分を演じる社会的役割と

してこれに対する見解をしめしてくれた．すなわち社会が「病人」として規定された人々をつくり，「病人」にされた人々は病人として，次のような役割期待を果たさなければならない．まず健常者であった時の社会的役割を免除されることである．これによって患者は病気を正当化する権利を主張でき，病人としての義務を負うことになる．次に，患者は看護されているから，自らの強い意志や決意で，健康を回復しなくてもよいということである．第三は，病気は望ましくないことなので，回復すべき義務をともなっている．患者はもちろん，彼をとりまいている人々もそれぞれを希望する．なぜなら，彼はまだ病人だからである．最後に，医師の援助を求める義務の段階である．このように医師，看護人，患者の三者によって，病人は幼児化という衝撃的で狼狽するような儀式を経験する．つまり病気という現実は，医師，看護人，患者の三者によって文化的に構成されており，社会的につくり変えられるものである．したがって，分類によって構成された病身をとりあげることは，身体のほんらいの状態とは何か，と問うことである．

(2) 客観的身体と健康の誕生

それでは，病気は，どのように客観的な基準にたって判断されるようになったのであろうか．ここでは，非個人的な療法に限定してのべてみよう．

1761年に，打診法が発見された．胸をたたいて出る音の変化で，胸部の臓器の充填度を認知するというものである．1819年には，聴診器が考案され，呼吸音や心音などの正常状態と病的（異常）状態を効果的に比較できるようになった．身体内部の臓器を調べる方法の発見と症状の記述は，誰の目にもみえることを超えて，医師という専門知識をうけたものの眼だけがみてそれをコトバにあらわすということがみてとれる．現在にも受け継がれているナイーブなこの方法は，医学の専門知識をもっている人のほかには，ほとんど知られていないといっていいかもしれない．

第二は，統計学的手法が開発されたことである．この手法は大病院にかぎら

ず，近代国家が国民の健康を全体的にあつかうために開発された．統計学は，人口統計に代表されるように，つねに変化ないし発展している社会現象，とりわけ社会集団現象の数量的側面を映し出した資料である．これに時計，温度計などの医療機器が加わり，非個人的な療法を促進させた．これらの機器もまた，数量的データを得たいという要求からのものであった．ただ数量的な測定技術は，量と数を表すが，完成された技術にはいたらない．つまりそれは絶えず改良され，新しい方法を発明することに測定の精度を高めることに目的をおくのである．ちなみに20世紀のコンピュータの発明と継続的な改良は，情報をより迅速に処理すること，そして膨大な数量データの蓄積を可能とした．

　数量的データが病気の診断に使用されると，身体活動の正常の範囲の数値を確定できるようになる．これが，健康な状態といわれる．したがってこの範囲外に数値が移行すると，「病気の状態（身体）」と判定されることになる．健康も病気も生命を表示するものだが，病気は変化した状態における生命の表示ということになるのである．こうして医学は，たんに治療技術と専門知識の総合だけではなくなる．すなわち病名が確定できれば，「健康な状態（身体）」をもその視野におさめることができるようになる．とすれば健康な身体とは病気でない身体であると同時に，「模範的な人間」の定義をふくむことになる．こうして身体を管理するうえで，医学は規範的な姿勢をとることになり，健康と病気の分類を独占するようになる．

(3) 逸脱としての病気

食事規制と自己の身体管理　医学は，病気に対して規範的姿勢をとるようになった．規範へ違反する行動のタイプは，逸脱である．したがって，病気に対する健康の規範の範囲は，正常として特化される．さて，医療技術が向上し，かつそれが整備されると，規範としての健康の範囲をさらに特化し，病気のリストを継続的に増加させる．

　17世紀のイギリスでは，ヨーマンのとる日常の食生活の大部分が，大量の牛

肉・羊肉・豚肉で占められ，彼らは過食や美食，肥満やアルコール中毒に接した生活を送っていた．したがって食事規制は，まずこうした上流階級の非合理的な食欲を厳格に抑制することであった．たとえば，それは積極的に摂生，菜食，冷水浴などをするという方法にもとづいたものであった．これは身体に規則正しい訓練を課すことにもなった．「宗教改革は，禁欲を修道院から家庭へ移し変えたのに，訓練の方法は，カトリックからプロテスタントへ見事に引き継がれてもいた」(ターナー)．当時の農民の食事が上流階級に及ばなかったことを考えあわせれば，食事規制はその社会の全メンバーの身体を食事によって管理することであった．また，料理はさまざまな種類に枝分かれし，それによってフォーク，ナイフ，スプーンなどの種類も決められるようになった．こうして食事のマナーの発達は，感情や表現を統制することにもなった．マナーは自由で気ままな感情の動きを規制するようになった．

　18世紀になると，食事療法にくわえて栄養科学が出現する．とりわけ栄養科学は，食糧難，栄養力不足，食糧の輸送などにうながされて発達した．19世紀には，栄養素のうちタンパク質・炭水化物・脂肪などの分類が進み，20世紀には，ビタミンの細分化がはじまった．食事は健康をつくるものではあるが，そのために個人の自己管理がより強く要請されるようになった．これによって栄養学は予防医学の性格をもつようになった．すなわち病気は臨床的にはっきりする前に生じているものであり，潜伏期間には当然目につかないという考え方が予防のもとをつくっている．この世紀は，地球規模で移動の可能な時代となり，西欧社会の食習慣が，コレステロールの過剰な摂取として，見直しをせまられるようになったりしたのである．

　逸脱としての病気　この結果，個人は，自分の身体の異常に対して敏感になるような知識を蓄えておかなければならなくなる．一方で技術的検査は潜伏している病気を発見する手段であるから，発展の一途をたどることになる．すなわち医療の整備は病気の制圧にむけられるものであるから，医療技術が高度化すればするほど病名もそれにつれて分類を拡大していかなければならない．

病気は身体的条件ばかりでなく，社会的条件にも原因をもっている．現代の都市化された社会は，都市化，技術化とそれにともなうスピード化，組織化と合理化，さらには教育の普及した社会である．都市化された社会は，これらの要因に適応できない個人に寛容ではない．しかもこれら要因は個々人に，厳格な手本（＝規範）となる．それゆえさまざまな不適応現象がみられるようになる．がん・心臓病・脳卒中という三大成人病，職業病，消化器病，不眠症，精神疾患などがそれである．その他にも退行性疾患は，産業構造の高度化と肉とバター優位の食生活から生ずるものであり，生活習慣病ともいわれる．退行性疾患は，現代の都市生活と深く結びついている．その克服には従来の食事のしきたりや嗜好をはじめとする生活構造に替わる生活を，新たに確立することができなければならない．

　こうして健康は規範となる．規範は健康と病気を分類するだけではなく，身体の管理で予防できない病気と，できるものをも分類する．前者はラベリングされる病気であり，後者はこの規範の内にある病気である．とりわけ退行性疾患は生活構造に根ざしており，個人に禁欲を強いる身体管理だけでは予防しきれない面をもっている．しかしこの側面に対して機能するラベリングは，現代生活に「結果的に適応できる能力に欠ける」という視点から評価されているのである．これは病気が，生理学的にみた身体の状態についてもさることながら，文化的な問題でもあることをも意味している．したがって身体は，健康な身体と病的な身体のどちらかで呈示される．医療化の深化によって，病気が逸脱行動と規定されるのは，医療の扱う範囲が拡大し，それとともに規範も強化されるからである．そして規範は，新たな疾患の出現によって再規定されていくのである．

　高齢化　医療技術の進歩とそれをうけいれる社会的要因が結びついたことにより，20世紀の後半から病気は外科治療の対象となってきた．それは死を恐れ，それを否認する傾向が強まることにつながる．昨今，臓器移植が話題になるように，望まれる医療的援助ができるようになり，それはこれからも進歩をつづ

けるであろう．いまや健康は商品としての性格をもちはじめているのである．そしてその，予防，診療，治療などをふくむ購入費は，高価になった．科学の成果を受けながら，病気のうち感染性疾患は減少し，退行性疾患，腫瘍，事故が多くなった．その結果，平均余命は上昇した．そして科学技術という知は，医療化された身体をつくりだしたのである．それをアリエスは次のようにいう．「病院での死は，死にゆく者が親戚や友人の集まりのなかで主催する機会とはもはやなりません．死は看護の停止によって生ずる，つまり医師と看護スタッフがある程度はっきり認めた決定により生ずる，技術の現象なのです」と．高齢化が科学技術の成果であるかぎり，私たちは自分の身体（生命）をまもるにしても，すべて自分で管理することはできないのである．

4. 健康の象徴としてのスポーツ

(1) 健康とスポーツ

健康の定義と体力　世界の人々に高い水準の健康をもたらすことを目標とした世界保健機関（WHO）は，健康を次のように定義している．「単に病気や虚弱がないだけでなく，身体的・精神的・社会的に完全に良好な状態」であると．ここでは日常生活のなかで意識される健康を，体力に限定してのべてみよう．体力 physical fitness は「人間が活動していくために必要な身体的能力」と定義される．体力は行動力と抵抗力に大別される．行動力は積極的に体を動かして運動するために必要な体力のことをさす．スポーツがこれにあたる．行動力は形態（身長・体重・胸囲・座高など体の大きさをあらわす），機能（筋，呼吸・循環，神経，感覚，関節の各機能），運動要因（筋力，瞬発力，敏捷性，巧緻性，平衡性）に分類される．

人々が体力を健康と同義と理解するのは，公衆衛生の処置と予防医学の進歩によるところが大きい．つまり健康とは，体力を構成する抵抗力という意味が大きな部分を占めるようになったのである．外気温への適応や細菌の侵入に対する免疫力の強化，生理的かつ精神的ストレスをはねのけることなどがそれに

あたる．横死をのぞけば，若年層の自然死は体力の増強によって急減したのである．家庭内での死亡は高齢者に多くなった．横死は人々の空想をかき立てるが，自然死はできるだけ隠されるようになった．それゆえ健康や生は，ますます若者の象徴となるのである．体力のうちで，行動力がもっとも高まるのは，若年層においてであろう．スポーツと若者が結びつけられるのは，そのためである．

スポーツの普及と特性　ところで英語の sport は，もともと娯楽や冗談，悪ふざけといった意味でつかわれた．私たちがスポーツして楽しむ，というときにはそういう意味である．のちに16世紀になって，現在の sports のつづりを用いて競技会を表すようになった．スポーツやスポーツマンとして共用するようになったのは，19世紀も後半のことである．スポーツはイギリスの産業化とシンクロしている．また多くのフットボール，ラグビー，テニス，競馬，バドミントン，狩猟など世界的におこなわれているスポーツのほとんどが，イギリスに起源をもっている．これらのスポーツは余暇活動に組み入れられるので，スポーツのなりたちは，当時の余暇を享受できたイギリスの上流階級や学校の果たした役割に負うところが大きいといえる．

ところで，スポーツはどのような特性をもつのだろうか．グッドマン (Guttman, Allen) の分類を紹介しよう．

1．世俗化

聖－俗－遊という図式から，遊びの特徴をとりだしてみせたカイヨワ (Caillois, Roger) は，遊びの心理と宗教的感動とは似て非なることを指摘した．たとえば聖なるオリンポスでおこなわれた古代ギリシアのオリンピック競技大会は，さまざまな神々のための聖なる祭典であった．オリンピアという地は，大地の女神を祭ったところだといわれる．しかし，ギリシアの彫刻，陶工たちは，身体（とりわけ男性の屈強な体力）を賛美した．しかしホメロースの『イーリアス』には，死者の栄誉をたたえて葬ったあと，順位と賞品をきめ，さまざまな競技をするようすが記述されている．ここには死者の霊

をたたえながらも，競争して優劣を決定するという世俗的な側面を指摘できる．近代のスポーツでも開会式での選手宣誓やフェアプレイの精神の強調といった儀礼的側面がのこっている．そして観客は競技の興奮も経験する．とはいえ，これらは純粋な宗教的な経験と無縁である．

2．競争の機会と条件の平等化

スポーツは勝負を競う．それゆえ競争の平等化は，人種や家柄，性といった属性よりも個人の能力と努力によって獲得した成果である業績主義に結びつく．業績重視を実現するには，ゲームのすべて参加者に共通のルールが課されなければならない．

そもそもスポーツは余暇を享受できる階級から発生したのである．イギリスでは貴族階級によって始められ，そこから各国に普及していっても社会的エリートにあたる人たちに独占されたのである．今日ではスポーツは社会的にすそ野を広げ，特定の階級の独占ではなくなった．また女性の社会的地位の向上によって，スポーツは男性の独占でもなくなった．競技の内容にもどっても，平等性は競争を成立させる絶対的な要素である．ただし結果は，必ず不平等に終わる．

二つ目のルールに関しては，前出の『イーリアス』からつぎの文章を引いておこう．

「両人は，競技場のまんなかに進み出て，相対峙して腕を構え，頑丈な手でがっぷりとぶつかり合った．そして激しくこぶしをふるって闘ううち，その顎からは恐ろしい歯がみの音がし，からだじゅうから汗がしたたり落ちた．突然に勇ましいエペイオスが躍りかかって，様子をうかがう相手の頬げたを撃つと，長くはこらえていられず，どっとばかり見事な手足はくずれた．」

これは，ボクシングの原型となる競技だ．このように，古代ギリシアのボクシングは，相手との精神的，肉体的な忍耐力の戦いである．忍耐力は，身体的危害をくわえることで決着におよぶ．スポーツは肉体を使うので，肉体の許容された限度を定めるルールにしたがって決着がつけられなければなら

ない．暴力の適用する範囲をさだめるルールがふくまれる．それは競技と戦闘技術をあわせもった内容だといえよう．古代ギリシアの競技では，こうした高いレベルの肉体的暴力が認められていた．現在ボクシングには，さまざまなルールがさだめられている．スポーツのルールは，非暴力的競技を成立させるのである．

3．官僚的組織化

スポーツが世界的に普及すると，国際的な組織が必要となる．各国競技関係者のために共通のルールを制定し，その他の運営上の管理をするためである．1905年に結成された国際サッカー連盟（FIFA）は，現在世界の六地域（大陸）に下部組織を設置している．そのうち日本はアジアサッカー連盟に所属している．国内では日本サッカー協会（前身は1921年設置）が，Jリーグをはじめ社会人，大学，高校などを統括している．また，サッカー協会は各都道府県の地域組織の上部に位置している．

これらの官僚的組織の目的は，国内外の組織をネットワーク化し，競技を規約とルールをもとに管理することに全力をあげることである．

国際的なスポーツ組織のもう一つの機能は，各々の国際競技連盟が公認する記録である．ちなみに世界記録の公認は，1913年の国際アマチュア連盟の結成からはじまる．

4．合理化

スポーツの合理化は，産業の合理化と似ている．産業の合理化は極大化のために，既存の産業構造や組織を効率化するためにもっとも相応しい政策や運動を展開することである．スポーツをする人は，競技のための手段としてルールをまもる．そこでは競技者は，ルールに縛られる．ルールへの違反者には罰則が課される．しかし他方でルールはいつでも改正されるようになっている．一つは競技のスピードアップのために，もう一つは観客に興奮を与えるために．ルールの改正の頻度は，伝統的なスポーツに比べて後発のものに著しい．

1891年にアメリカのネイスミス（Naismith, James）によって考案されたバスケットボールのルールの原則は，次の五項目である．
  a．ボールを使用する．そのボールは，軽くて，両手で持てる程度の大きさとする．
  b．ボールを保持して，走ることを禁止する．
  c．ゲーム中は，どんなときであれ，両チームの誰でも，ボールをプレーすることができる．
  d．両チームは，コート内のどこでプレーしてもよい．ただし，"身体接触"は禁止する．
  e．ゴールは水平で，かつ頭上に設置する．

ネイスミスが考案したルールは13条であった．その後，プレーヤーの技術が向上し，プレーの種類も多彩になった．それにつれてルールも改正され，10章61条と各条文の項目，それに付随する罰則が規定されている（1988年現在）．罰則を細かく規定すると，ゲームはよりスピーディにすすめられることになる．プレイヤーは観客をゲームの熱狂性にまきこみ，興奮と感動をあたえなければならないのである．

  5．専門家

スポーツで生計をたてるのではなく，スポーツを純粋に愛好する人をアマチュアという．これに対して金銭の収益を目的とする競技者，指導者，経営者や興業者をプロフェッショナルという．アマチュアリズムの根本は，スポーツを物質的な利害関係から切り離し，余技としてスポーツそれ自体を目的とするところにある．したがって「邪心がなく，勝利におごらず，負けても怨まず，つまり立派な"遊戯者"としてフェアにおこなうこと」（カイヨワ）が，アマチュアであることの資格となるのである．この姿勢から，倫理や相互信頼，他者の尊重などが導かれるのである．イギリスでフットボールのアマチュアが，中・上流階級のジェントルマンをさしたのは，こうした姿勢をもって競技にのぞんでいたからであろう．一方では台頭しつつあったプロ選

手との勝負に負けるのではないかという不安から，過度にアマチュア精神が強調されたともいわれる．

スポーツにアマチュアのことばが使われたのは，1879年のボートレース（ヘンリー・レガッタ）の規定改正からだといわれる．規定は賞金を賭けたレースを排し，職人・職工・労働者をアマチュアから外した．しかしスポーツの種目が増え，余暇生活がこれらの階級にも拡大すると，競馬はギャンブルとしてレジャー行動となった．以後，サッカー（1885），ラグビー（1895）がプロとして成立した．

現代の世界のスポーツ界では，アマチュアとプロの境界が取り払われようとしている．1974年IOCはオリンピックの参加資格の規定を国際スポーツ連盟に委譲したことを受け，わが国でも1986年にアマチュア規定を廃止した．サッカー，テニス，野球のプロ選手がオリンピックに参加したり，マラソンの賞金レースがおこなわれるようになった．この背景の一つにはかつての社会主義国の「ステートアマ」のオリンピックでの活躍，またわが国では「企業アマ」の存在が，いかに多くの時間を最後の勝利者としての時間に代替できるかという問題をめぐって，すでにプロとアマの境界を超えており，専門家とプロ化はさけられないといえる．

いうまでもなくプロフェッショナルは業績がすべてである．したがって選手を経済的束縛から解放してやることが，何らかの形で保障されていなければならない．

6．数量化

スポーツにも統計的手法は欠かせない．スポーツのほとんどは，点数，センチメートル，グラム，秒という数学の単位の統計といってもよい．スポーツで勝者と敗者を分けるのは，平等性にもとづいて競技した結果あらわれるこれらの単位の差である．私たちは，数量に還元することで社会的評価を量化し，それを基準にして通約できるようにするという数量化の方法が，貨幣の機能と同一であることに気づく．競技の順位は優劣とおなじ意味をもつ．

テレビや新聞には，文字通りできるだけ速く報道された数値が満載されている．メディアは，国内ばかりでなく国際間にまで，広範に視聴者や読者を獲得していく．オリンピックをはじめ，世界選手権大会といわれる大会では，各国の入賞者の数を比較できる．そこでみられる数量化がランクづけの過程であることは，あきらかである．

　7．記録万能主義

　特定の競技において，数量化されて最も勝っている数値は，記録として残る．点数を単位とする競技にスコアブックは不可欠である．レコード・ホルダーになることは，その競技のランキングの頂点にたつことであり，最も注目を集めることであり，能力を誇示することである．したがって記録は数量化と結びついて業績志向に価値をおくので，達成動機を強く刺激する．すぐれた業績は，歴代の記録として刻まれる．

　ところで，新記録はその競技にとってどのような意味をもつか．陸上競技の男子の100メートルの記録をふりかえってみよう．1900年に11秒が記録された．それから64年後には10秒に，9秒台はその4年後である．記録の伸びは，競技者の運動能力のみならず，クラウチングスタートの考案（1888年），スターティングブロックの利用（1948），競技者の運動能力をつねに全力で発揮させるレペティションレーニングの導入（1960），タタートラックの開発（1967）などが新記録の樹立に貢献したのである．観客は百分の一秒という差に熱狂している．しかし数十年かかっても破られそうもない驚異的な記録が達成されたとしたら，見せ物としての競技の緊張度は低下し，価値をたかめることはできなくなるだろう．

(2) スポーツの身体

記号体系としての身体　フーコーのいう「従順な身体」は，服従させることのできる，役だたせることのできる，作り替えて完成させることのできる身体のことであった．とすればスポーツの身体は，規律と訓練をとおして競争に勝つ

ために作り替えられた，つまり鍛錬された身体である．鍛錬は効用をめざしておこなわれる．ひとつは，特定の競技とその合理化のために必要とされる身体の部分を鍛える系列である．第二は，鍛錬された身体と，それをとりあつかう用具を操作する系列である．第三にそうして規格化された連続的な動作のつながりが定着し，関連した動作が定められた位置を占めるようになる段階である．陸上競技のうち投てきは，身体とそれが取り扱う用具のあいだにこうした規律＝訓練のもたらす効用の典型を示してくれる．

ここまで，権力は服従と強制という規制を課す，という側面をみてきた．しかしそれは同時に身体と用具との運用をいかに効果的に組み立てるか，という規則でもある．それができるためには，一連の動作を決められた時間で，細かな要素に分解し，個々の動作の円滑さをめざすしかない．そこには要素の総合化の機能，すなわち身体への強制的関係の機能がそなわるのである．そうなると運動する身体の基準は，より道具的な動作を中心に繰り返すこととなる．それによって身体は，「記号体系化」する．

本来体力は，測定された数値でしめされるので，抽象的な産物である．したがって競技者の記号体系化された身体は，私たちには体力を過剰に凝縮して具現したものとして映る．記号となった競技者の身体は，記録万能主義のなかで，新記録をめざして強力な体力をつくりあげる限界に挑むことになる．

スポーツのなかの健康　アスリートはプロに近づけば近づくほど，それで生計を立てなければならないので，スポーツの楽しさから遠ざかる．では，そうでない私たちは，スポーツにどのような楽しみを求めているであろうか．

図表6－1によると，スポーツをする目的でもっとも高いのは，「健康・体力の維持増進」である．しかも高齢になるほどこの傾向は強い．「気分転換・ストレスの解消」は若齢層から高齢層につれて漸減している．「家族・友人とのつきあい」も同じ傾向にある．これらの傾向は，次の二つに大別される．ひとつは，どちらかといえば身体の管理にかかわるものである．管理は高齢にともなう肉体の衰えにたいする抵抗，あるいは肥満の解消などにむけられる．し

図表6−1 スポーツ実践の目的　(%)

目的 (N)	総計	年代別					
		10歳代	20歳代	30歳代	40歳代	50歳代	60歳以上
	1,834	60	301	386	458	331	298
健康・体力の維持増進	64.3	60.0	49.2	59.1	63.5	72.2	79.9
気分転換・ストレス解消	61.8	70.0	69.4	67.4	65.3	60.4	41.3
体を動かす楽しさ	33.6	43.3	43.9	33.2	31.0	28.7	31.2
美容・肥満解消	20.0	25.0	25.0	19.2	19.4	19.3	15.1
家族・友人とのふれあい	40.5	45.0	45.0	45.9	43.9	35.6	26.8
会社・地域とのつきあい	16.8	6.7	6.7	20.2	21.4	19.9	8.1
アフタースポーツの爽快感	7.3	5.0	5.0	6.7	7.4	7.6	5.0
自分の限界への挑戦	4.9	13.3	13.3	3.9	4.1	4.5	5.7
上達・相手との競い合い	8.7	20.0	20.0	10.6	7.6	3.3	4.4
ゲーム自体を楽しむ	20.0	38.3	38.3	23.3	19.4	13.9	10.1
自然とのふれあい	17.5	10.0	10.0	19.4	17.5	21.8	13.1
日常から離れる	6.7	3.3	7.0	7.8	9.4	5.4	3.0
自分の生活の充実	18.6	25.0	23.9	23.9	19.7	14.2	15.1
生きがいを感じる	8.9	5.0	7.0	7.0	9.0	9.1	14.4
生涯の楽しみの一つ	16.4	21.7	16.6	16.6	17.0	15.4	13.1
おしゃれを楽しむ	2.2	1.7	2.7	1.7	2.0	1.8	1.7

出所）『スポーツライフ白書』ぎょうせい　1998　p.73より作成

かし現実に肉体の衰えは自然であるし，肥満に対して努力と矯正の方法ないし知的な正しさを強調しても，必ずしもすべてが解決するわけでもない．すなわち身体に対する禁欲主義的な傾向が一方にある．他方では，身体表現というように，身体を努力や訓練から解放し，自由放任的な方向に身体を向けてやることである．これは禁欲主義に対して快楽主義の立場といえよう．とはいえ，スポーツの身体文化の定義はどのようになされるのであろうか．身体教育に関する専門家と医師が身体の正しい訓練の定義をめぐって観点を異にしている．

(3) 産業社会の身体文化としてのスポーツ

グッドマンの分類による数量化と記録万能主義は，競争の結果の業績を意味しているので，記録の更新を強要する．しかし記録は限界にも近づいている．

限界を突破するために，アスリートは過剰な真剣さで競技にのぞみ，優劣を明確にしなければならない．したがって競技場に出ていくことは，観客や地域及び国家の統制者に入場料と交換して得られる満足感を期待されることなのである．その代償として優秀な業績には経済や名声の面で高い報酬が与えられるし，十分なトレーニングの施設や時間も与えられる．

業績主義は高度な達成動機を持続させる．それを長期計画をたてて実践練習にうつさなければならない．そこにあるものは自制心を欠いたり，無精をしたりという行為を放棄した厳格な禁欲主義である．アスリートが自分の身体を取り戻そうとするときは，その地位から降りることになる．これらのことから，アスリートは産業社会によってつくりだされた身体文化を超えるものではない．というよりもその社会が要求する身体文化の象徴といえる．それは身体を極限まで訓練することである．したがって競技の業績をあげるために薬物に依存するドーピングは，フェアプレイの精神に反するだけでなく，死に至るケースもあるので，医学的にみても危険である．ここには「猛烈サラリーマン」の極限の姿がある．スポーツの身体は，観客や統制者の期待をいつでも実現できるか否かという不安と不確実性のなかにおかれている．その意味でドーピングは，それらから少しでも解放されたいというプロ・スポーツの不健康＝逸脱の行為となる．

現代社会において，業績主義によって獲得したさまざまな地位は貨幣量の増量に収れんする．貨幣の客観的で無差別な性格は，あらゆる行動の内的側面を無視し，交換という共通の場で平等に対処する．したがって「結果がすべて」という発想に結びつきやすい．このような貨幣の性質によって人々の行動は，軌道を逸し，分別を欠くという危険な水域からの誘惑につねにさらされている．アマチュアとプロフェッショナルの交流が進み，スポーツの世界もこの例外ではなくなったといえるのである．

【引用および参考文献】

アイヒベルク, H.（清水諭訳）『身体のイマジネーション』新評論　1997
アリエス, P.（伊藤晃・成瀬駒男訳）『死と歴史』みすず書房　1983
ブルデュー, P.（田原音和訳）「どうしたらスポーツマンになれるか」，（桑田禮彰訳）「身体の社会的知覚」『身体の政治技術』栗原彬・今防人・杉山光信・山本哲士編集所収　新評論　1986
エリアス, N.・ダニング, E.（大平章訳）『スポーツと文明化』法政大学出版局　1995
フーコー, M.（田村叔訳）『監獄の誕生』新潮社　1977
グッドマン, A.（清水哲夫訳）『スポーツと現代アメリカ』TBSブリタニカ　1981
ゴフマン, E.（石黒毅訳）『行為と演技』誠信書房　1974
市川　浩『＜身＞の構造』講談社学術文庫　1993
亀山佳明編『スポーツの社会学』世界思想社　1990
川北稔編『「非労働時間」の生活史』リブロポート　1987
ラブトン, D.（無藤　隆・佐藤恵理子訳）『食べることの社会学』新曜社　1999
モース, M.（有地亨訳）『社会学と人類学Ⅱ』弘文堂　1976
ネイスミス, J.（水谷　豊訳）『バスケットボール　その起源と発展』YMCA出版　1980
大澤真幸編『現代社会学4　身体と間身体の社会学』岩波書店　1996
オニール, J.（須田朗訳・奥田和彦解説）『語りあう身体』紀伊國屋書店　1992
多木浩二『スポーツを考える』筑摩書房　1995
サンドライユ, M.（中川米造・村上陽一郎共監訳）『病の文化史』リブロポート　1984
シット, A.（高橋勇夫訳）『ボディ・ソシアル』筑摩書房　1997
ジンメル, G.（北川東子編訳・鈴木直訳）『ジンメル・コレクション』ちくま学芸文庫　1999
ターナー, B.S.（小口信吉・藤田弘人・泉田　渡・小口孝司訳）『身体と文化』文化書房博文社　1999
安田　尚『ブルデューの社会学』青木書店　1998
「イーリアス」（呉　茂一訳）については『ホメロース　世界文学大系1』筑摩書房　1961　から引用

第7章　社会的時間とレジャー

1. ライフ・サイクル

(1) 年　齢

　人の集合をある基準にたって分類するときの素朴な指標は，性別と年齢およびそれにもとづく世代である．年老いた女性と幼い少年では，それぞれにふさわしい行動をとることを期待される．年齢だけをとってみても，「子どもは風の子」や「年寄りの冷や水」ということわざにもあるように，所属する文化圏には，年齢によってふるまうべき行動が水路づけられている．このように年齢は帰属的地位をしめす．

　また年齢は加齢することによって，地位であるとともに過程ともなる．人生を旅にたとえると，高齢者は文字どおり長旅をしているのである．長い旅は，加齢にともなう地位の変化を経験することでもある．年齢は旅という人生の時間の推移にともなって，それを分節化するはたらきをする．年をとるということは，人をつねに新しい経験のなかへ連れていくことである．それはまた新しい時間を費やすことでもある．加齢は，時間の不可逆性をはっきりとしめしている．いずれにしても文化圏のちがいによって通過儀礼がまちまちであるように，私たちは年齢を社会的時間としてとらえることができるのである．

(2) ライフキャリアとライフサイクル

　個人の生涯は，他者とのコミュニケーションの連続である．それによって個人がつねに新たな時間を経験するとき，過去は不変であり，固定していることを前提とする．ただし現在という時間の状況によって，過去の出来事という素材はそのままにしておいた荷をほどいたり，あるいは封印してしまうような形で書きかえられる．人生の途上での変化やライフステージの移行，多様性など

が生涯の設計の中心をなしているので，個人からみれば「物語」は生まれ変わるための手段となるのである．

ところで，こうした個人の私的な出来事のうつりかわりは，同時に社会的なことがらでもある．変化は個人の事情でのみ生じるのではなく，生きているそのときの構造化されている社会の価値や習慣，制度によって左右されるからである．だからこそ，われわれは人生のそれぞれの時期を「類型化」してみせることができるのである．誕生から死までの時間の推移が，そのつど年齢に応じた役割を演じ続ける舞台にたとえられるのも，個人の人生が社会と深くつながっているからである．

ライフサイクル*は個人的側面と社会的側面の両方によってなりたっている．ライフサイクルは年齢によって区切られており，それは一生において最も激しくかつ大きな変化がおとずれる第一次社会化からはじまる．幼児期から子ども期へ，子ども期から青年期にかけてがそれにあたる．その後学業を終える時期，就職，結婚が続く．さらには，子育てからはじまる親でいる期間がある．この期間には夫婦の別居や離婚など家族解体あるいは転職といった，ライフサイクルで予想しなかったことがおこるかもしれない．やがて子供が自立し，両親の死を経験し，リタイアをむかえる．配偶者の死によって孤立感はふかまるであろうが，生きているかぎりその経験をしなければならない．ゴフマンにならえば，これらの舞台の推移は社会的地位すなわちキャリアの変化である．キャリアとは職務上のポジションとか，さまざまな権利と義務の関係，ライフスタイルに関連していて，公開されている制度の側面をもっている．その一方で，個人の内面では自己のイメージとか主観的アイデンティティの側面に結びついている．だからキャリアは自己の内面と外の社会を自由に行き来できる通路となる．キャリアは絶えざる役割取得と役割喪失をとおして構成されるので，第一次社会化が終わると第二次社会化がはじまり，その連続の果てに人生の終末をむかえる．

社会的地位には社会的役割が対応する．ライフステージには地位に対応した

時間の配分が欠かせない．時間配分の基準は，年齢以外にも週単位や祝祭日のはいったカレンダーであったり，十年を単位としたり，自らつくった予定表にしたがった日常的なものなどをふくんでいる．それによって個人のキャリアはさまざまな形をとりながら変化していく．またそれらの各局面では似たような境遇におかれることも事実である．たとえば学生であるならば，長い休暇の過ごし方を考えたり，試験をパスしなければならなかったり，就職に直面したりするなど共通の経験をするであろう．ただし共通の経験とはいえ，個人はそれを選択や抽象や歪曲をとおして，現在の状況のなかで解釈しやすいようにつねに変形するものである．

*ライフサイクルとは，生物現象一般にみられように，ある世代が次世代へ交替するまでの規則的な変化の過程をいう．ライフサイクルには歴史的な視点がなく，画一化してとらえようとする方法に限界がある．これに対して，個々のキャリアの展開を歴史的社会的文脈で捉えようとするのが，ライフ・コース論である．またライフステージは，個人の一生を持続的規則的変化過程としてとらえたばあい，一定の持続期間をさす．このなかでライフサイクルは，最も広い概念である．

2. 社会的時間のなかのレジャー

(1) 産業社会の時間

個人の時間　ある民俗学者の調査にまつわるはなしからはじめよう．「私は昭和14年ごろ全国の辺地の農山村を歩きまわったが，時計のない家で老人と話していて，『もう何時になったろうか』と聞かれたことはなかった．相手がひまでこちらが果てしなく問いかけると，暗くなるまで話してくれた．時計のある家でも戦前までは農村ではほとんど端数を切り捨てて時間をいった．正確な時間が8時30分であっても『8時です』というように教えてくれる．そういう教え方のおかげでバスや汽車に乗りおくれたり，長く待

たされたりした記憶を無数に持っている」(宮本常一『日本人の時間観念』)

今から50年あまりまえのエピソードである．ここでは都市と農村では，知覚される時間の境界が対照的であることが語られている．農村では，「日の出から日没まで」仕事をし，季節による日照や気温によって作物を栽培するので，自然が時間を教えてくれる．太陽の移動や月の満ち欠けなども，時間の計測の基準となった．また農村社会では，労働と遊びは，たがいのあいだにはいりこむように時間の流れにそって組み立てられており，個人や家族，地域社会から切り離されることのない生活を構成していた．農村は「日の出から日没まで」，すなわち一日を単位とする時間感覚なのである．これに対して，ここで調査している民俗学者はバスや汽車という乗り物を利用し，正確な時刻にしたがって行動する都市居住者であろう．毎月発行される時刻表にもあるように，バスは時間や分という単位で運行されている．

都市化が進むと，個人と社会を関係づける標準化された時間が不可欠となる．それは地理的距離の廃絶をめざし，社会のすみずみまでその動きを監督し，規制するような標準化された時間の装置のことである．現在のように，通信技術の発達していなかった時代に，商品や貨幣の流通と正確さの基盤となったものこそ，鉄道の時刻表にほかならなかったのである．

ところで，現代において時間は個人にとって有限なものとして，いわば資源として認識されている．資源は時計時間によって計られる．天文学的周期を基準とした時計によって，時間は抽象的で定量的性質をもってしめされるようになった．この量は利用され，割り当てられ，売買され，管理されたりするのである．また，ライフサイクルとそれに類する時間のとらえかたは，時間の不可逆性と変化に注目する．時間が個人にとって有限で不可逆であるからには，時間の反復ということはありえない．反復は習慣として感じられるにすぎないから，けっして同じことの繰り返しではないのである．産業社会の時間は，労働することで個人の生活のリズムをつくる．

組織の時間 つぎは，時間を組織的にそして合理的に使うことである．時間の合理的な使い方は修道院の礼拝，瞑想，読書，労働，食事，睡眠時間というきびしい区分けからはじまる．修道院は，これを毎年集団で遂行することにより，独特の合理性を生みだした．「なにもしないでいる時間」を意識的にさけようとする計画性がうかがえる．

それを時計時間が世俗化し，産業社会の組織化された時間となったのである．その例をテイラーシステムにみることができる．テイラー（Taylor, Fredelic Wilson）によって創案されたこの科学的管理法は，いわば効率の極大化をめざした労務管理であった．その内容は労働者に対して時間を厳守させるという規律と，労働時間内での時間の浪費を禁ずるという節約の発想を理論の骨組みとしていた．テイラーの時間管理は，作業から無駄な動作をできる限りとりのぞくために，ストップウォッチをもちいたことに象徴される．つまり機械時計を身体に置き換え，身体を時計のように正確に統御することがテイラーシステムの究極の目的であった．このような労働の場合，絶えざる注意力が要求されるのである．時間管理は労働を細分化し，手順化することもわすれてはならない．

この方式に機械を取り入れ，各作業部署をベルトコンベアでつなぐシステムを確立し自動車の大量生産に成功したのが，フォードシステムであった．時間の合理的な配分を軸とするフォードシステムは，生産性の上昇を刺激し続けることで経済成長を可能にし，経済成長はさらに生産性の上昇をよぶ，という循環する関係をつくった．

しかし組織内のメンバーに，機械のような正確さはもとめられない．また組織には限られたメンバーと時間区分（一日，一ヶ月，一年など）の限界がある．というのも個人はいくつもの集団に所属しているので，時間の稀少性はますます高くなる．時間は，組織にとっても稀少である．組織は時間資源の増加をめざす．これに対して個人は組織内での時間の割り当ておよび配分，時間上の優先順位をそれぞれ設定しなければならない．個人は所属する集団に一定量の時間を配分するか，優先順位をつけることになる．このやり方は，合理的な官僚

主義的組織によって設計されている．工場の始業時間，休憩時間などの共時化，作業の順序，出来高の進度などが，その要素である．これらが正確さを高めることによって，組織における個人の行動範囲はせばめられていく．

ところで，これから増えると思われる在宅勤務という労働形態は，組織の人間よりも拘束時間から自由な印象をあたえるようだ．この勤務形態は通勤からのがれ，自分の時間を組織化し，自宅外で働く人に較べると自由裁量時間も多い．しかし在宅勤務者も家族や地域社会の活動の制約からまぬかれることはできない．勤務時間はもちろんのこと，銀行の営業時間，図書館の開館時間，映画館や居酒屋の営業開始時間など，時計時間を離れて活動することはできないのである．在宅勤務は，企業の効率という点からみるとコストを削減する一つの勤務形態だからである．

暦や時計は天体の運行という自然を手本として作成されたけれども，われわれの生活のなかで，それらは産業社会の時間として意識されている．暦は太陽をまわる地球の公転を基準にしてつくられたものであるが，そこに印された祝祭日は人為的なものである．したがって地球の公転は，人間の生活に取り入れられると，生活に合うように作りかえられてしまう．

(2) 労働時間

われわれは，時間で決められた生活をしている．たとえば労働者の時間構造は，たいていのばあい就業規則によって構造化され支配されている．しかし仕事時間の構造化は支配だけでなく，取り引き，すなわち交換の材料となる．雇用関係のなかで交換されるのは労働ではなく，労働時間なのである．一日，週間，年間，定年までの継続年数，生産性の向上，休憩時間，時間外労働，祝祭日や有給休暇の時間がそれにふくまれる．1850年に成立したイギリスの工場法，1916年から実施されたわが国の工場法は，長労働時間の是非をめぐる法律であった．

それにしても産業の時間は，歴史的には新奇な時間の出現であった．雇用関

係は，労働時間の長さ，それを休止する時間，仕事の順序，共時性，仕事の速度をめぐって修正される．これらはすべて量化できるので，標準化された単位に分割され，規則正しい時計時間のリズムを象徴する．

　こうして労働時間は，雇用関係において貨幣を媒介にした交換できる商品としての価値をもつようになったのである．時間給，週給，月給などは，仕事にたいする報酬も時間単位で支払われることをあらわしている．商品となった時間は，貨幣によって量られることになった．また貨幣は時間を量るだけではなく，その所有の多寡によって階層化の尺度にもなる．

(3) 自由時間の変容

　伝統的な社会においては，労働時間と自由時間は意味と実践において切り離せないように結びついていた．しかし，産業の時間は，この二つを切り離した．そこで工夫される時間の構造化は，産業自体の要素で動いていくので，特殊条件や個別的必要性を考えなくてもすむのである．

　自由時間は，もともと仕事から解放された時間，広くいえば義務的活動から解放された時間をさすようになっている．有職者はもちろん，学校時間を終えた子ども，子どもの学校時間と夫の労働時間に規定されたシャドウワークから離れたときの専業主婦は，それぞれレジャーの時間をもっている．また老年期の自由時間は義務的活動をもたないので労働の残余としてはみなされないが，自由時間であることに変わりない．しかしレジャーが労働時間の残余であるかないかにかかわらず，自由時間の消費は個人の自由にまかせられている．なぜなら自由裁量としての時間は，レジャー活動に参加することで自分を束縛する活動を選択するという「自由」をもっているからである．ただ労働力とはみなされていない子どもや青年，生産年齢人口のうちシャドウワークの典型とみなされる専業主婦の家事時間，リタイアした後の老人などの自由時間は，労働パターンの規範からはのぞかれる．

　雇用労働者は終日時計時間の構造化のなかで職務を遂行するので，刺激の強

い余暇活動をよぶことになる．画一的で反復的な時計時間の単位の連続は，労働と自由時間の溝をより深くしているといえる．労働時間が商品として自己目的化されると，それから連続している生活にまで影響がおよぶのである．時間が商品として交換される社会では，生活や仕事も多くの単位に分割される．自由時間も例外ではない．量は計算できるものであり，計算の結果は精密性と，相等と不等との規定を確定するからである．

労働の商品化は，労働者自身を客観的な何かにすることであり，この何かは労働者自身でないものであるとともに，彼の持たないものである．労働力が現実の労働となってしまうと，労働は貨幣として労働者のものとなり，労働そのものは労働組織という他者のものとなるからである．

この労働の商品化という分化過程は，個々人にそなわっているそれぞれの独自性の内容からはなれて，商品化という自立した規定と運動とによって対象化され，個々人と対立するようになる．これを労働の物象化という．そのことは，労働者が就業先の自動車工場でつくった自動車を，自由時間活用の必要からそれを買うということに表象される．商品が生産から流通，宣伝をへて消費者の手にわたるときには，「誰に買われてもかまわない車に移行」しているのである．自由時間もこれによって物象化される．時計時間は社会生活をシステム化し，支配し，規律をあたえ，規範を提供しながら社会的経済的リアリティをつくっている．商品を消尽する自由時間の側からも労働と同じように，時計時間がどのていど物象化されて，内在化され，押しつけられているかに着目しなければならない．なぜなら，いまや時計時間は日常生活の全領域をシステム化しているからである．先にみたフォード主義の調整がもっているひとつの側面は，生活の必需や娯楽あるいは満足といった価値を，しだいに貨幣化していくことであったのだ．貨幣化は，専門化をいっそうすすめ，交換価値を強化するために，社会解体をまねく要因となる．

したがって成熟社会への移行は，生活の質を「ゆとり」，「精神のゆたかさ」，「ものからこころ」へという指標として省みることにある．生活の質は，量で

とらえきれない活動の側面を強調することにある．ともあれ時計によって抽象的な量となり，かつ不可逆性をもつ時間は，共同性や自然性から人々を解放すると同時に，それらから疎外してしまったのである．消費の深化は，このような時間感覚とどのように共存していくのであろうか．それが自由時間の活用のしかたに課されている．

3. ライフスタイルとレジャー

(1) 生活時間とライフスタイル

　生活時間は，時代の特徴をあらわすもっとも基本的な指標のひとつである．統計調査によって得られた数値を比較することによって，その時代に共有している生活の様式があらわされる．それは個人のものの考え方や感じ方や行動のやり方に枠組みをあたえることにもなる．つまり生活時間をみることによって，ライフスタイルの変化を追うことができるのである．

　さて生活時間とは，人々が1日をどのように過ごしているかを時計時間の側面から裁断したものである．24時間という生活時間は，大きく三つに分類される[1]．ひとつは睡眠や食事など生活に欠かすことができない時間である（生活必需時間）．次は仕事や家事，学業などの広く労働といわれる時間である（拘束時間）．そして第三は，これら二つの時間を24時間から差し引いた時間，すなわち余暇時間ないし自由時間である．

　ところで共時的にみた場合，余暇時間はどのようにイメージされるのであろうか．人々が過ごしている余暇時間の漸増は，ここ50年の結果である．それには次のような背景がある．ひとつは余暇が労働時間に規制されるので，労働時間の短縮は自由時間を増加させる．情報化を中心とする産業構造の高度化によって，1995年に改正された労働基準法は，週40時間労働の原則を規定した．これをきっかけとして，年間の労働時間はやがて名目的には1800時間台に乗

---

[1] NHKが1965年以来，5年ごとに実施している『国民生活時間調査』のなかで用いられている生活時間の分類による．

るものと予想されている．このような拘束的活動とみなされる時間の漸減傾向は，学校の週休二日制の実現につながった．次は高齢化である．1947年に男性が50.06歳，女性が53.95歳であった平均寿命は，現在それぞれ30歳近く延びた．職業にある人は定年後から，また家庭にいる人は子どもの自立を境に，空前の余暇生活を過ごさなければならなくなった．第三は高学歴化である．高校進学率は97.5％にたっし，そのうち大学進学率は47.3％となっている（『学校基本調査報告』1997年度）．大学進学は1970年923.6％と比較すると2倍以上である．高学歴化によって，かなりの人たちが長期の休暇を経験できるようになった．

ライフサイクルのなかで自由時間が増減するのは，ひとつの時期が次の時期にかさなっているからである．児童期から青年期にかけての学校生活，青年期から成人期にかけての労働の時期，そしてこれらを終えた老年期にそれぞれ重なっている．これを通時的にみるならば，今の私の生活時間から出発して，生涯の過去と未来の時期の生活時間とライフスタイルを想像できる．

(2) 余暇行動の性質

生活時間のなかの余暇は量的であった．しかし一方で余暇は活動することにおおきな意味があるので，質的側面にも目をむけなければならない．余暇活動の質的な面はなによりも「楽しさ」を結果としてともなっていなければならない．余暇は活動してはじめて意味をもつからである．しかも「楽しさ」は個々の主観を離れてはありえないから，「拘束とは異なった時間であるべき」という規範の適応対象となる．しかも余暇行動の規範は，高橋由典のいう「体験選択」の側面をあわせもっている．それは「対象に引き込まれるという体験の成立が，そのまま対象の選択であるような事態」をさす．体験選択はデュマズディエ（Dumazedier, Joffre）がレジャーの特徴としてあげた要因を前提とする．それは，①職業や家族あるいは学校など，制度からの解放性，②レジャー活動は活動すること以外に目的をもたないという非利害性，③活動することによって幸福や楽しみや喜びなどがもたらされるという楽しみ志向性，④そし

てこれらのことが何よりもまず個人の欲求に応ずるものでなければならない（個体性）というものである．これらの規定は，労働が規範にそっておこなわれるように，余暇活動も規範的であることをあらわしている．

　パーカー（Parker, Stanley）は，時間を労働と労働以外に，活動を拘束と自由にそれぞれ分類する．この方法によれば，余暇の内容を労働の規範性に対応させるという二分法をさらに，系統的にこまかく分類することにができる．（図表7－1）．

　雇用は広く労働に内包されるが，ここでは同じ意味としてみることにしよう．そうすれば，労働時間は常用労働者が生計をたてるための時間であるといえる．労働要務は通勤やそれにともなう身支度など，労働に関連する時間をさす．この時間は電車で新聞を読んだり，職場の仲間とおしゃべりをしたり，あるいは自宅で仕事に関連する読書をしたり，副業までをふくむような活動である．つまり，労働でもあり余暇でもあるような時間である．

　労働外の時間は，まず第一次的欲求をみたす生理的必要のための時間である．次に労働外の要務である．これは日曜大工やフィッシング，子どもとの遊びなど，余暇時間のなかで労働に似た活動をさす．半余暇（セミ・レジャー）という用語が，これにかわることもある．そして自由な時間と活動は「余暇，自由時間，予備時間か，非拘束的時間，任意時間，選択時間」であり，広く余暇にふくまれ，かつ余暇の側面をあらわす時間といえよう．

　これらのことから，ひとつは時間と活動は生活空間のすべてのカテゴリーにふくまれること，二つ目に拘束と自由の間にあって，労働に近い性格をもつ時間と活動があることがわかる．したがって余暇は，相対的に自由な時間といえるのである．図表7－1によれば，時間と活動の次元は生活空間を分析するために，労働か労働以外の時間か，また拘束された活動か自由選択の範囲にある活動かを，可変的なものとして測ることができる．

　図表7－1は，常用労働者をモデルにしている．常用労働者は，余暇活動からもっとも遠い位置にいる．所得の不安定な臨時労働やアルバイトに移行する

図表7-1 労働と余暇の捉え方

		活　　　動		
		拘　　束　　⇔		自　　由
時	労　働	労働雇用	労働要務（雇用と関連）	労働としての余暇
間	労働外	生理的必要	労働外の要務	余　　暇

出所）スタンリー・パーカー『労働と余暇』産学社　1975　p.40より作成

ほど，しだいに余暇に近くなるのである．したがって裁量時間だけでいうならば，常用以外の雇用形態にある労働者は，労働しながらかつ余暇活動をいとなむようなユートピア的な時間と活動の構築を可能にさせる．もちろん生活のなかから生計を立てるための活動が消滅してしまうというのではない．ただ，情報化や国際化，能力主義が日本的経営を変容させていくとき，労働の規範対余暇の規範という画一的で固定的な図式はゆらいでいくであろう．そうなれば，雇用形態はよりフレキシブルなものとなっていく．「労働要務」と「労働外の要務」が相互にのり入れできるようになる（ないしは強制的にそうさせられる）雇用形態も考えられよう．余暇社会がやってくるということは，労働で自己実現できないことを，余暇を利用することによって生活に積極的な意味をみいだせるような社会を構想することである．ライフスタイルの変容は，労働時間の短縮によって生ずるのではなく，柔軟な雇用形態を選択する（ないしは選択を強制される）ことも一因となっている．

(3) 余暇歴

キャリアは，学業の時間，就職の時間，リタイアしたあとの時間というように，個人の加齢とともに通過していく，いわば社会的圧力の時間のかたまりとして区切られていく．そのなかで自由時間は，各ステージに通底しており，加

図表7-2 仕事と余暇のどちらを重視するか（全体，性・年代別）

全体平均

年	①	②	③	④	⑤	⑥
平成元年	9.9	21.6	27.9	35.0	3.8	1.8
2年	10.3	21.9	28.4	33.5	4.4	1.1
3年	9.1	24.0	29.8	32.3	3.6	1.2
4年	10.0	24.5	26.0	35.2	4.0	0.3
5年	9.6	24.2	29.8	32.2	3.5	0.7
6年	8.5	24.2	28.3	34.7	4.0	0.1
7年	10.6	23.9	30.9	31.3	2.8	0.4
8年	10.5	25.5	30.7	29.8	3.0	0.5
9年	10.5	24.3	30.4	30.1	3.7	1.0
10年	9.7	24.3	30.5	31.1	3.3	1.1

凡例 （単位：％）
① ② ③ ④ ⑤ ⑥

① 仕事よりも余暇の中に生きがいを求める ┐
② 仕事は要領よくかたづけて，できるだけ ┘ 余暇重視派
　余暇を楽しむ
③ 仕事にも余暇にも同じぐらい力を入れる — 両立派
④ 余暇も時には楽しむが，仕事の方に力を ┐
　注ぐ　　　　　　　　　　　　　　　　 ┘ 仕事重視派
⑤ 仕事に生きがいを求めて全力を傾ける
⑥ 無回答

男性平均

年	①	②	③	④	⑤	⑥
平成元年	10.6	17.4	26.7	38.4	5.1	1.7
2年	12.5	18.0	26.4	36.8	5.4	0.9
3年	10.1	18.7	28.9	36.5	4.7	1.2
4年	10.6	19.8	24.6	39.7	5.1	0.2
5年	10.8	18.5	30.0	35.6	4.5	0.5
6年	8.6	20.3	28.6	37.6	4.7	0.1
7年	11.7	19.4	29.7	35.5	3.3	0.4
8年	11.0	20.5	30.0	34.2	3.7	0.6
9年	11.4	18.9	30.1	33.2	5.5	0.9
10年	10.4	20.2	29.7	34.3	4.3	1.1

女性平均

年	①	②	③	④	⑤	⑥
平成元年	9.2	25.8	29.2	31.5	2.5	1.8
2年	9.2	25.6	30.2	30.4	3.4	1.3
3年	8.1	29.1	30.8	28.3	2.6	1.1
4年	9.4	28.9	27.5	30.9	3.0	0.4
5年	8.5	29.7	29.5	29.0	2.4	0.8
6年	8.4	28.0	28.1	31.9	3.4	0.1
7年	9.6	28.4	32.1	27.2	2.3	0.5
8年	10.0	30.2	31.4	25.7	2.3	0.5
9年	9.7	29.4	30.6	27.2	2.1	1.0
10年	9.1	28.4	31.2	27.9	2.3	1.2

平成10年男性年代別

年代	①	②	③	④	⑤	⑥
10代	20.0	34.2	24.0	17.7	2.0	2.0
20代	12.2	34.4	31.6	18.9	2.3	0.6
30代	8.4	21.2	36.5	31.2	2.0	0.7
40代	5.2	14.1	30.3	45.0	4.4	1.0
50代	3.1	11.1	25.9	52.8	6.1	0.9
60代以上	18.8	15.8	26.5	30.1	7.2	1.6

平成10年女性年代別

年代	①	②	③	④	⑤	⑥
10代	16.6	41.6	25.5	15.4	—	0.9
20代	14.1	37.7	27.8	16.6	2.4	1.4
30代	5.6	36.7	33.6	23.1	0.3	0.7
40代	3.5	23.2	33.1	37.2	1.9	1.0
50代	5.2	18.3	33.8	39.2	2.7	0.7
60代以上	12.9	22.8	30.5	27.7	3.9	2.2

出所)『レジャー白書 '99』余暇開発センター　p.15

齢によって増減するものとしてあらわすことができる．たとえば青年期に開始した余暇活動を，生涯にわたって続けるばあい，つねに同じ量の時間をその活動にあてることはむつかしい．継続はもちろん，一度中断して再開するばあい，またそれに代わって新たな活動を開始するなどが考えられよう．そのさいどのような要件が余暇生活を規制しているかについて，二つの視点からとらえられる．一つは，生活史のなかで自分の余暇の歴史をふりかえることである．二つ目は現時点での余暇の送り方と余暇の歴史を関連させることである．余暇歴という視点は，等身大にたって楽しく生活する方法をもとめようとするとき有効である．余暇歴は，余暇をとおして語るその人の人生の物語としてとらえることができる．余暇歴とは写真やビデオや日記，手紙あるいは口述などのなかにある．余暇歴は，過去に生じたそれらを素材として物語を構築したり修正したりする過程とみなすことができる．さらには未来に物語を想像するきっかけとなるものとしてもとらえられる．昨今の余暇にもとめる楽しみや目的は，心の安らぎに，友人や知人，また家族との交流や，休養にあるという．この余暇活動の選択肢から，さまざまな物語が織られていくのである．

図表7-2は，仕事と余暇のどちらを重視するか，についての回答である．余暇を年代別にみることによって，各グラフにあらわれた男女のライフサイクルをイメージできよう．これを参照しながら各世代にわたって余暇をこうした役割モデルを描いてみよう．

4. ライフサイクルとレジャー

(1) 子ども期のレジャー

子どもの身体には，ありあまるエネルギーが充填されているとたとえられる．それを消費するために，子どもは遊ぶ．この時期は社会化のはじまりにもあたり，遊びは身体におけるしつけ upbringing や子どもの発達と深く関係する．しつけは子どもを一人前の社会人に仕上げることを意味する．民俗的世界では一人前とは自分の職業における生活技術をマスターし，社会人として生きてい

くための態度を自得させる過程であった．したがって一人前になるためには仕事の技術の習得だけでは十分でなかった．日常生活をとおして誰もが認める仕事や仕事の上での交際から，倫理や信仰なども含んだ世界観の習得が必要であったのである．一人前は家族と地域のつながりがあってはじめて可能となるのである．こうした世界の子どもの生活は，文字どうり大人の生活の「ひながた」であった．

　これにたいして遊びは，それだけでは社会人としての自律を約束しない．すでにふれてあるように，遊びは伝統的社会のしつけのような機能はもたない．しかし，ホイジンガ（Huizinga, Johan）によれば，遊びのもつ緊張は多少なりとも倫理的な側面をもっているのだという．遊びにはそれに固有の規則があり，規則は遊びに緊張と秩序を要求するからである．つまり規則を基準として，さまざまな能力が試されるのである．それは体力であったり，どんなことがあってもひるまない気力であったり，持久力であったりする．緊張は「勝つという願望を抑えて，遊びの規定で決められた許容の限界のなかで，耐えていく精神」を試すことになるからである（『ホモ・ルーデンス』）．遊びの規則は，勝つために手段を選ばないという精神を否定するのである．

　社会化にとっての遊びの重要性を指摘したひとりは，ピアジェ（Piaget, Jean）である．彼によれば，遊びは連続的ないし発達的にみて三段階に分類できるという．第一段階は自己中心的で，遊びの規則を自分の興味のままにおこなう，すなわち模倣する自己中心的段階である．第二段階は自己中心性のうちに協同性がめばえる．さらに第三段階は規則を尊重するとともにそれを修正するようにもなる．これらの段階は「拘束ないし他律の道徳」から「協同ないし自律の道徳」への進展を示すものであるという．「拘束ないし他律の道徳」は，①「嘘はついてはただめです」「ほんとうのことを言いなさい」などという，子どもにとっては外からやってくる大人の要求する義務である．子どもにとっては心からではないけれども，切実に感ずる義務である．②子どもはこの命令に服従する．しかし服従は，子どもにとって大人から自分を守るという意味におい

ての服従である．大人の意思に服従せずにしたことが，結果的に子どもの間違いであっても，子どもが自分の考えどおりに行動したことをあきらかにできる．この義務は他律的である．③両親のほどこす道徳的訓練は，子どもを客観的に責任を考えるように子どもをみちびく．それは行為の動機よりも行為の結果を重視する責任感と結びつく．ただし大人が子どもに課した規則を実行に移せないとき，子どもは大人の権威に服従しなくなる．

　次に「協同ないし自律の道徳」の段階に移る大人によってつくられたゲームの規則が，外から強制された永久的なものであるという考えをやめる．そしてゲームに参加する子どもは，合意という方法をとる．すなわちあらかじめゲームの仲間を説得して，自分の意見を参加する仲間の判断にまかせるのである．そうすることによってゲームのルールを変えようとするのである．これで，ゲームの参加者がお互いに相手の立場にたつようになるのである．ここにみられることは，公正の感情であり，相対的意味での平等性である．ピアジェによれば「子どもは同一性のうちに平等を求めずして，各人の特殊な事情に関する以外に個人の平等な権利を考えない」のである．子どもは遊びの規則のもつ公正と平等性をとおして，仲間との協同関係を作り上げることができるようになるのである．ピアジェは親子関係にみられる「一方的尊敬」の関係から，仲間関係にみられる「相互的尊敬」への類型化を発達過程にあてはめる．前者は権威を媒介としたタテの尊敬とでもいうべきものであり，後者はつりあいのとれたヨコの尊重というようにたとえられよう．このように遊びをとおして，子どもは相手の立場に立つことを学習する．

　さらに子どもの遊びは，年齢や性別あるいはまた階層や文化によって異なっている．その種類も階層や文化によっても違うので，子どもの遊びの楽しみ方や目的の達成による充足の程度はさまざまである．とりわけ家族が社会化のエージェントとしての役割を果たしているからには，子どもに与える余暇の影響はみのがせない．一日のうちでいつ遊ぶのか，だれと遊ぶのか，どのようにして遊ぶのか，さらにどのような遊びが子どもに適当かなど，いわば遊びをとお

した子育ては，社会化のエージェントである親によって左右される．

　たとえば母子関係から余暇をみると，都市部に居住している核家族のなかでの女性の就労と，郡部で祖父母と同居しながら就労している女性とでは，育児や趣味，地域活動に費やす時間は後者のほうが長いと予想されているのである．子どもの視点からみれば，母親の置かれた社会的地位によって子どもの社会化が異なってくるといえよう．育児に費やす時間の量は，しつけの要因のひとつとして決定的とはいえないまでも，見落とせない．いずれにしてもライフスタイルの多様化にともない親の手で子どもを教育する傾向がますます強まるとともに，親の余暇のあり方や過ごし方によって子どもの余暇は影響されるのである．これとともに核家族という究極の家族形態は家族機能の外部化と同時に進行するため，子どもをとりまく環境をより複雑にしている．晩婚化や共働き，住宅事情によって少子化がすすみ，ひとりっ子がふえている．こうした背景のなかで，子育てに悩む親もまたふえている．

　遊びの形式に目を移せば，遊びは所属する社会の価値も表現する．社会化のひとつの様式であるにすぎない遊びも，目的の達成に価値をおく社会では，子どもはスポーツなどのような身体の鍛錬や熟練を業績として比較するゲームに興味をもつ．スポーツの参加人数でもっとも高い率を示しているのは男子はサッカー，女子はバレーボールである．これと対照的に，目的の達成をめぐって不安をやわらげて成功をおさめるようなゲームもみられる．ちなみに，10歳代の娯楽では男女ともテレビゲームやカラオケに高い参加率が示されている．

　近代の学校は産業化の要請によって創設され，選抜というシステムに価値をおいた生産中心主義と連動している．したがって子どもは仲間関係をとおして，自分の評価される能力を教化していく．そして他者との比較や競争あるいは素質などをもとに役割遂行しながら，達成の感覚を身につける．ところが産業化にともない地域社会の崩壊は家庭にまでおよび，子どもの仲間づくり，「居場所づくり」をそこなわせている．学校の週休二日制の実施が，「子どものゆとり」をとりもどすためにどのように利用されるのか，課題は多い．

(2) 青年期のレジャー

　青年とは，生物学的にいうならば子ども期の初期から成人の前期までを含むライフサイクルのある局面をあらわすといわれる．とはいえ，「青年」とは生物学的に熟成していく途中にある人というより，むしろ社会的な構成概念である．成人期への過渡期にいる十代の人たちを論じたり，調べたりしたりするとき，彼らを青年youthとしてみたほうが，青年期 adolescence としてよぶよりもふさわしいばあいもある．成熟する都市化社会に結びつけられる青年の情緒の問題や社会問題におよぶさい，青年期というより青年（文化）というほうが，その有効性をひきだせるとおもわれる．なぜなら身体の変化が青年期のはじまりを告げるのに較べると，終わりはそれほど明確ではないからである．それは1980年代にはいると，都市的生活様式のなかで成長した青年が，多数派になってきたという社会的現実からもうかがえる．

　ところで，青年期は，近代の経済的余剰によってつくられた時期であり，労働や納税からまぬがれている「大人の時期」であるとみなされる．また社会に子ども期の終わりから成人期の初期に架かっているこの時期は，学校生活と密接にからみあっている．しかも夏季および冬季の長期間の休暇は，進学率の向上によってその時間を漸増あるいは漸減されるので不安定である．このモラトリアムのあいだに，青年は彼らを大人とみなしていない世間の評価に対して，本当の自分を定義するために社会との緊張関係をもつ．自己形成から始まって自分独自の個性をつくりあげるべきであること，人生の目標を設定し政治や経済への関心をもつべきであること，その過程での失恋もふくむ挫折など，こうした道すじをとおって大人になる．それゆえ青年は，対人関係のなかでマージナルマンに特有の，孤立や非現実的な世界を，また断絶の世界を経験する．これは大人のみた青年像ではないだろうか．

　社会的に構成された概念であるからには，産業の高度化とともに，青年はかわる．1960年代の「異議申し立て」をおこなった青年たちは，自らが深い影響をうけている既存の文化や社会に対して寛容になれなかった．余暇活動をとお

して実現する自己表現は，スポーツや音楽の世界のスーパースターを役割モデルとした．この時期の青年を「ビートルズ世代」という．大多数にとって，やがてそれは縁のない，幻想であることを知るようになる．「豊かな社会」がつくりだした学校で勉強することが，生計をたてていくためのもっとも重要で確実な自己表現であることを納得させられるからである．しかしこの世代は，生産中心主義を頂点とする価値をできるだけ相対化しようとし，「成熟を求めない」第一世代となった．そこに生まれたのが「やさしさ」であった．この青年たちは他者からどんな人間であるか（ガリ勉タイプ，遊び好きの人，運動のうまいやつ）という役割を貼られ，それをもとに自律していった．

これに対して1970年代後半からの青年は，消費水準の高度化した社会状況から生活をはじめた．「やさしさ」は，産業の時間というシステムのなかで変容する．ボードリャールにならえば，消費者は消費システムに立ち入ることはできず，システムに管理されるだけである．管理は，システムを維持し，逸脱を抑制することを目的とする．個人はシステムに違反するよりも，同調することのほうにメリットが大きいことを感得するようになる．だからシステムは将来の危険をリアルにとらえ，社会には将来がないという信念を青年たちにいだかせる．この世代は次に続く世代との断絶を気にかけたり，あるいは歴史の流れを意識した生き方をすることもない．ナルシシズムの世代といわれるゆえんである．価値の相対化と交換したアイデンティティ・クライシスを，ニューファミリーに埋没することでいやした1960年代の青年のライフスタイルと，高度大衆消費社会のなかで成長した青年との共通点は，価値の相対化のはしりにいたか，徹底した段階にいるかのちがいでもある．

ともあれ自らの役割をすてていっときの熱狂の渦のなかに身を寄せながら役割試行をし，変化や変容への強い関心をもちながら，アイデンティティを確認する．一過性のものであれしばらく続くものであれ，やがてその地位が変化していくことを受け入れなければならない．

さて，この時期はライフサイクルのなかでも，もっとも余暇時間にめぐまれ

ている．彼らのこのような心理を育む土壌は，青年文化としてくくられる．青年文化は下位文化のひとつである．下位文化は包括的な集団との関係と対比すると，曖昧な位置にある人々の集団を背景としている．それゆえメンバーの向上心が閉ざされることによって集団に固有の行動に勢いがつき，上位文化とのきしみによって生ずるさまざまな問題に対して，集合的に解決しようとするような行動をとるところに特色がある．青年文化は広告やマスメディアをとおして，青年たちの消費とレジャーのとりあつかいと，この時期における独自に経験する諸要素のふたつによって説明されるのである．家庭や学校，仕事などの機能的な分化は，十代の若者を少しずつ成人から，とりわけ自己知覚 self-aware の点で区別させていくことになる．しかも機能分化は親や周囲の成人のからというよりも，仲間集団の影響下にあるものである．

　親の目のとどく範囲での活動に傾きがちな子ども期のレジャーの延長に，大人の生活が期待されるところに青年期の特色がある．したがって，大人の文化と子どもの文化にまたがるこの時期のレジャーの特徴は，産業の高度化にともなって進学率を向上させ，生涯をとおしてみるとモラトリアムを延長させた点から理解される．とはいえ就業や納税といった大人の義務がなく，したがって遊びによる多様な役割を演じてみることで，大人の世界の知識や態度を内面化していくところは，青年期にいる人にとっては共通している．

　ところで青年期には家族や学校，またボランティア活動をとおしてレジャーにたいする習慣や態度が形成されていく．それらの活動のなかでおこなわれる彼らの試みが，大人の世界と同調することもあれば，レジャー活動の制限となってあらわれるばあいもある．したがって下位文化のひとつである青年文化は大人と子どもの両方の文化に過剰に同調する一方で，それから逸脱したり，対抗したりする不安定で動揺した態度をはらんでいる．たとえば夫婦や親子間の葛藤など，家族問題のいくつかの因子をかかえているなかで生活すること，またはやく大人社会の一員になるようにうながしながら他方で高学歴を要求する社会の強制などが，自分らしさを主張するさいの圧力となる．

いまでは高校進学は自明のこととなり，そのうちさらに進学する数は50％に達する勢いである．今後，高学歴化の傾向は右上がりに増加するであろう．その結果自分の時間（余暇）はさらに延長されることになる．そうなると帰属が不確かでマジカルな自我の時期もそれにともない長引くことになる．その結果社会化の遅れとして指摘される自立の拒否，あるいは性の自由をうけとめ，結婚を拒否しつつ結婚願望を強める傾向などが共存するようになる．青年期が延びたことは，産業の価値との折り合いをつけ，あるいはそれに対抗しながらこの時期を生きなければならないことでもあるのだ．

また核家族のなかでは，親が子どものライフスタイルを尊重するような傾向にある．そこで青年は世代に共通する「青年らしさ」をもとめ，それを基準にして個人がそれを分有することで個性的な生活をもてるのである．それにこの時期，裁量は小さいが親から小遣いが与えられることで（アルバイトという労働もふくめて），彼らは消費生活へ参入する．ここに若者を対象とした企業のマーケティングの戦略が，過剰な消費生活のなかで各自の欲望に応じたアイデンティティを確立させるという幻影をふりまいて誘惑する．一方ではこうした高度の消費社会をみとめつつ，そのなかで独自のアイデンティティが，確立されるとのみかたもある．

(3) 成人期と中年期のレジャー

青年期をすぎると，勤務形態のいかんにかかわらず，生存のためにほとんどが労働（就職や家事）をはじめ，やがてリタイアする．これは他のステージと比較して，余暇時間が最も少なくなることを意味する．またこの時期（20〜60歳）のレジャーの特徴は，年齢を順に追っていくこととともに，それ以外の多様な要因も絡みあっていることである．一つ目は年齢である．「人生80年」の時代にあって，青年期のモラトリアムとリタイア後老年期が論じられるが，中年期も長くなっている．この時期をとりあえず成人前期といわれる20歳〜40歳までと，中年期といわれる40歳〜60歳までに大別しておこう．いうまでも

なくこの時期は青年期の終わりから老年期の入り口までにあたる．しかし青年のモラトリアム期の延長によって青年文化と成人の文化の境界が曖昧になるにつれ，成人期の確定は困難になっている．成人前期では将来の目標を自分で決定し，加齢するにつれて職業，結婚，子育てなどの関係がより広い社会秩序に結びついていく．このハードルを越えると，やがて安定と成就の感覚をもてるようになる．そして成人後期が深まると，ここまで生きてきた意味づけ（目標達成や社会への貢献など）をし，それらについて認められたいという願望をもつ．他者に対する威厳と統制がピークに達する時期である．

　レジャー活動を制約する条件として，次のような要因が考えられる．まず加齢とともに精神面での充実と身体の衰えが自覚されることである．二つ目は性別によってライフスタイルがかなり異なってくるということである．子育てをしながらフルタイムで仕事をもっている女性の余暇は細切れであると想像されるが，男性の余暇は家事や育児に積極的にかかわらないところからうまれている．次は職業をもつかもたないかという（とりわけ女性の）コースの選択である．四つ目は結婚である．

　これらの変数を組み合わせると，いくつかのライフスタイルを想定できる．男性は生計維持のため職業を持ち続けるであろうが，仕事をもつ女性はその継続の選択をしなければならない．これはまた女性が共働きとして通過するか，それとも主婦のコースに身を振り分けるかという選択でもある．結婚の期間がながくなることで変化する夫婦の地位，また子どものあるなしなどによる生活のありかたなどが相乗し，レジャー活動を形作る．ともあれ結婚は，男性よりも女性のライフサイクルを大きく変える．子育てや家事の負担は大きく，この時期にいる女性は余暇時間も断片的となっている．これに対して単身を選択した場合，既婚者よりも家庭の外での様々なレジャー行動に多くの時間を割く傾向にある．これは男性も同じである．

　さて20歳と50歳の余暇活動参加率の男女の趣味をみると次のような結果である（『レジャー白書'98』）．男性の20代はビデオ鑑賞（65.0％），音楽鑑賞

(64.7), パソコン (39.6), 映画 (39.3), スポーツ観戦 (28.8) であるのに対して, 50歳代では園芸・庭いじり (48.1%), 日曜大工 (31.7), ビデオ鑑賞 (28.8), スポーツ観戦 (19.2), 音楽鑑賞 (18.0) となっている. 女性の20代は音楽鑑賞 (62.0%), ビデオ鑑賞 (60.6), 映画 (49.5), 音楽会・コンサート (26.2), 編み物・織物・手芸 (24.4) である. 対して女性の50歳代は園芸・庭いじり (56.4%), 観劇 (27.7), 音楽会・コンサート (27.3), 編み物・織物・手芸 (24.3), 音楽鑑賞 (23.7) となっている. 年齢と性別のほかに職業や結婚, 経済的条件といった要因が絡み合っていることが, レジャーの特色となってあらわれている.

ただ日常生活のなかでレジャーとしてもっとも長い時間を費やしているのは, テレビの視聴時間である. 平日だけをとってみても, 男子の20歳代では2時間52分であり, 年代を追うごとに増加し, 50歳代では3時間14分となる. 同様に女性の20歳代では3時間17分, 50歳代では4時間17分となっている (『日本人の生活時間・1995 NHK国民時間調査』). こうした視聴時間の変化は, 加齢と性別から, あるいは在宅中の自由時間の長さやレジャー活動, およびパーソナル・コミュニケーションの時間の短さによって決定されているのである.

成人期の余暇は, 時間の量からすれば他の時期に比べて少ない. ただ労働の側面にのみ比重をかけているので, このステージの多様な余暇活動を見失いがちである. テレビ視聴時間が加齢とともに高まることについては, セカンド・エイジの過ごし方に警鐘となる. とりわけ成人後期には, 第一に死とそれまでの生活を考えること, 第二にそれとともにいまの生活構造の修正すべき部分をみなおし, 人生の後半への生きがいを見いだすこと, いわばそれまでの「物語」を後半にどう語り継いでいくかという課題がこの時期に大切なこととなる. この世代は余暇をすごす相手として家族をあげているが, 子どもが自立した後のエンプティ・ネストの時期やリタイアした後, 子どもの頃のような自由な時間をかかえることになる. しかし核家族はやがて配偶者の欠落によって終止符を打たれる. 若さと老いにどう折り合いをつけながらこの時間を乗り切るか, 余

暇生活がそのヒントを用意しているように思われる．「中年の発見」は「中年のクライシス」でもあるからだ．

(4) 老年期のレジャー

職業からみれば退職したあとの，また家族周期からみれば子の独立と孫の出生によって親であることをやめたあとの時期などがこれにあたる．役割喪失したとはいえ，リタイアしても，さらにあらたなステージにたち，そこで残された時間を過ごさなければならない．このステージを60歳からとすれば，現代ではそれから15～25年ものあいだ余暇生活が続く．

この時期のもっとも大きな関心は，健康である．そして健康であることはいつでも「移動」できる状態にいることである．心身ともに健康で，自由に動き回れるのであれば，新たにレジャー活動を始めるさいに，この時期は余暇の種目に広く目配せできることにもなるのである．健康は余暇を有効に活用し，充足感を高めるために欠くことのできない要因となるのである．逆に，不健康や配偶者の死亡などによる家族の欠損，友人を失うこと，また経済的に十分でない年金などは，老年期のレジャーにとってかなりのマイナス要因となる．この時期に男性も女性もジョギング（男性22.2％，女性18.8％）や体操（31.8 25.3）で身体を動かすことが多くなる．男性はこれに釣り（23.4）が加わる．趣味については，男性が園芸・庭いじり（56.3％），日曜大工（34.0），写真の制作（21.7），ビデオ鑑賞（17.3），スポーツ観戦（16.6），女性が園芸・庭いじり（53.2％），編み物・織物・手芸（27.7），観劇（23.3），洋裁・和裁（21.0），音楽会・コンサート（14.7）の順となっている．健康と移動がこれらの余暇活動を裏づけているのである．また「社会参加」への希望が強いことも，この年代の傾向となっている．

ところで，60歳以上の男女それぞれの平日の自由時間をみると，マス・メディアへの接触が高い．なかでもテレビへの接触は高く，60歳の男女の平日の視聴時間は，それぞれ4時間23分，4時間47分となっている．これが70歳をこえ

ると男子5時間10分,女子5時間08分であり,多少なりとも仕事を継続しているとおもわれる60歳にくらべると,30分前後多くなっている.高齢化にともなってテレビ視聴時間はながくなっている.

老年期は,ライフサイクルのうちで,もっとも果てしのないノスタルジアにひたる.老人は成人期の役割をはなれる.老人にとって近隣や友人との交流が,人生の意味を統合する時間となる.それは「生きてきた証」を強く意識させる.老後の余暇はそれによって自律をたもつことができる.しかし産業社会は老人に対して,成人期にかわる老人期の役割を開発してこなかったことも事実である.

5. 生活文化のなかのレジャー

(1) 生活文化

生活文化という造語は,いつの頃にできたのであろうか.まず文化という術語は明治期の西洋文明に対して,大正期に広まったことばである.それは教養派の精神的文化から,関東大震災後の物資の不足を満たすために簡便なものに,あるいは流行のもの(たとえば「文化住宅」,「文化生活」というように)という意味での物質文化まで,かなりの幅をもってつかわれた.大正期は,「江戸」から近代産業形都市へ転換し,工場労働者や新中間層が輩出してかれらの生活構造が形成された時期でもある.したがって後者の文化は,都市化によって生まれた新たな階層の消費生活を指している.

その意味では1920年代の生活問題がさらに深刻化した,1930年代から終戦までの戦時体制下の生活も,生活防衛という点からみのがすことはできない.そこでこの期間の生活問題へ対応する姿勢を提示しているということから三木清の「生活文化と生活技術」(1941)が,読まれなければならない.三木は次のようにいう.生活文化ということばには,生活に対する積極的な態度がふくまれている.それをもって自然に働きかけこれを「変化し改造」していくところに生活文化がうまれる.伝統は現在に応じて,生かされなければならない.

また生活文化はすべての人に開かれるべきでものであり，芸術や文学におとらぬ創造的なものである．生活文化は軽兆浮薄な文化生活とは次の二点でちがっている．第一は，「真の文化生活は単に表面的なものでなく，内容的なもの，実質的なものでなければならず」第二に「文化生活が欧米主義の幣に染まりがちであったのに対して，新しい生活文化はわれわれ自身の自主的な立場においてつくられなければならない」それだけではなく，娯楽が生活にとって不可欠であるともいっている．ここでは文化生活すなわち消費生活を経験しつつ，そのなかから別のライフスタイルをつくりだそうといっているのである．

その方法は，自由主義の長所を生かしながら，「個人主義的生活様式に対して，協同主義の生活様式」を確立しなければならないということになる．協同主義は，どのような貧しい生活状況のもとにあっても，生活技術をあみだす動機をもたせ，欠乏を補うばかりでなく，それによって生活を豊かにするような積極性をみいだすからである．これは生活の生産的側面である．戦時体制下で，生活防衛のために節約，工夫をすること，それによって耐乏生活をしのいでゆく姿勢をここにみいだせよう．文化生活から生活文化への転換は，消費者を「生活者」に変えることであったといえる．たとえどんな状況にあっても，それをしのぎながら「楽しく生きる」方法をあみだすことこそ，生活者の文化なのであった．

(2) 生活者と自由時間

生活は，生産と消費のくり返しである．それは，生命の維持のための生産と消費を基本においている．経済的側面から生活が対象とされるようになったのは，1920年代である．以後1930年代後半から1940年代なかばまでの戦時下を経過して，1950年代の消費革命まで，生活学は経済的欠乏を解決すること強調した．そして生活学の現在は，大量生産と大量消費を経過し，「生活の質」を高度化と多様化でとらえる段階にある．本章でとりあげた生活時間ひとつをみても，そこから生活の全体像をイメージすることは容易ではない．情報化が

深化すれば，これまでの気晴らしを柱とするだけでは，自由時間は質的な消費とはならないであろう．変動の激しさに適応するための技術を身につけたり，習い事をするなど学習する自己を再発見することが，自由時間の活用傾向になりつつある．それらは，生きがいのある生活を模索するために，自由時間を利用することにほかならない．

【引用・参考文献】

アダム,B.（伊藤誓・磯山甚一訳）『時間と社会理論』法政大学出版局　1997
ブルーム,L.,セルズニック.P.＆ブルーム,D.（今田高俊監訳）『社会学』ハーベスト社　1988
デービス,F.（間場寿一・荻野美穂・細辻恵子訳）『ノスタルジアの社会学』世界思想社　1990
デュマズディエ,J.（寿里茂監訳）『レジャー社会学』社会思想社　1981
エリアス,N.『時間について』法政大学出版局　1996
一番ヶ瀬康子・佐藤暢夫・薗田碩哉『余暇生活』放送大学教育振興会　1989
井上　俊編『現代社会学9　ライフコースの社会学』岩波書店　1996
ジャクソン,J.A.（浦野和彦・坂田正顕・関三雄訳）『役割・人間・社会』梓出版社　1985
ケニストン,K.（高田昭彦・高田素子・草津攻訳）『青年の異議申し立て』東京創元社　1977
栗原　彬『やさしさの存在証明』新曜社　1989
クローセン,J.A.（佐藤慶幸・小島茂訳　）『ライフコースの社会学』早稲田大学出版会　1987
川北稔編『非労働時間の生活史』リブロポート　1987
子ども白書編集委員会『子ども白書　1999年版』草土文化　1999
『レジャー白書'98』および『レジャー白書'99』余暇開発センター
真木悠介『時間の比較社会学』岩波書店　1981
松平誠・中島　邦編『講座生活学3　生活史』光生館　1993
三木清「生活文化と生活技術」『三木　清全集13』岩波書店　1967
三沢謙一・天木志保美・落合恵美子・南広育・柳原佳子『現代人のライフコース』ミネルヴァ書房　1989
見田宗介編『現代社会学6　時間と空間の社会学』岩波書店　1996
宮本常一『宮本常一著作集13』未来社　1973
ムーア,W.E.（丹下隆一・長田攻一訳）『時間の社会学』新泉社　1974

森岡清美・青井和夫『現代人のライフコース』日本学術振興会　1991
中野　収『メディア人間』勁草書房　1997
NHK放送文化研究所編『日本人の生活時間　1995－NHK国民生活時間調査－』
オマリー, M.（高島平吾訳）『時計と人間』晶文社　1994
パーカー, S.（野沢浩・高橋裕吉訳）『労働と余暇』産学社　1975
ピアジェ, J.（大伴茂訳）『児童道徳判断の発達』同文書院　1955
ロッスム, D.G.（藤田幸一郎・篠原敏昭・岩波敦子訳）『時間の歴史』青木書店　1999
高橋由典『社会学講義』世界思想社　1999

第8章 地域社会と地域福祉

　現代は私たちを取りまく社会状況や社会思想が，大きくかわりつつある．たとえば1980年代に，「大きな政府」から「小さな政府」へ転換することによって，国の福祉財政が抑制されたこともそのひとつである．それにかわって個人の自由を基盤とした，家庭や近隣にも福祉供給主体として期待をよせる「活力ある社会福祉」が標榜されるようになった．社会福祉の制度の見直しがおこなわれ，かわって地域福祉 community welfare という新たな福祉政策が注目されるようになった．地域福祉は，地域住民にたいしてよりよい福祉政策を約束するために，世界的な経済のサービス化による社会変動に対応しながら，住民の福祉ニーズの変化にこたえることを目的としている．しかも地域福祉はこれまでの均一的な社会福祉と平行して，地域社会の独自性の実態を把握しながら地域を構造的全体としてとらえ，所得や雇用，住宅，教育，生活環境などに，住民の参加をもとめながら，総合的に地域の問題をみなおし，解決していこうとするのである．地域は外にひらかれながら，なおかつ地域の独自性をたもち，それによって地域住民の福祉を推し進めていかなければならないのである．すなわち地域は新しい生活文化の構築をめざして内発的発展を模索しなければならない段階にある．ここでは当面解決されるべき最も大きな課題である高齢化に焦点をあてて，地域福祉をみていくことにする．

1. 地域社会の変容と社会福祉

(1) 都市化と家郷の解体の現在

　近代化は，産業化と都市化を柱として人口を農村から都市へ移動させる．近代化の初期には，移動する人々の心は，生活の拠点としての家郷（ふるさと，農村）で培われたものであった．その後も都市は生計を立てる場所でこそあれ，心はいまだ家郷にあったのである．明治の末期の東京で，晩年の石川啄木は

「今日もまた胸に痛みあり／死ぬならば／ふるさとに行きて死なむと思ふ」（『悲しき玩具』）と歌った．

さて時代をこえ，経済の高度成長期といわれる1960年代は，人々の心の家郷まで大きく変えることになった．まず産業構造が高度化するにつれて，第一次産業の比率は最下位となった．家郷すなわち農村から膨大な人口が，東京，大阪，名古屋を中心とする都市圏の第二次産業へ集中した．農村は高齢者と女性をにない手とせざるをえなくなり，過疎化をさけることはできなくなった．家郷にとって，都市は経済的基盤を確立する場となったのである．高度経済成長期の人口集中は，1970年代にはいると，そのある部分は就職先をもとめ帰郷するＵターン現象となって逆流する．しかし都市的生活様式をくぐり抜けてきた人たちは家郷にではなく，家郷にちかい地方都市に定着するというＪターン現象をみせるにとどまったのである．

1978年に河川の流域圏を重視しつつ，定住圏構想をねらいとして策定された「第三次全国総合開発計画」は，各地の地域の個性を生かした安定感のある健康で文化的な居住と，雇用就業機会の創出をめざした．しかし，この間にも東京圏の人口吸引力は衰えず，1990年代に入るとむしろ吸引力を強めている．また地方都市もインフラストラクチャーの整備が進み，通勤・通学者を吸収するようになっている．とりわけ地方中枢都市（札幌市・仙台市・広島市・福岡市）や地方中核都市（県庁所在都市および人口30万人以上の都市）にそれがみられる．これらと対照的に経済のグローバル化や大型店の進出によって人口減少と産業の衰退のいちじるしい地方都市も出現している．このように都市化が全般化するにつれて，都市のあいだでの不均等な発展もみられるようになっている．

一方，農業に目をむけると，1993年にウルグアイ・ラウンドの合意によって，米，果樹，畜産物などの農産物が輸入の対象となった．これによってそれらの農産物の生産を主とする中山間地域はコスト高の農業への切り換えを強要されることになり，大きな打撃を受けることとなった．この地域では地域産業の衰退が著しく，グローバル化に対抗する新たな農・林業部門で若年層をはじめと

する雇用を吸収しなければならないのである．くわえて地域の活性化をささえている人材の育成もそのひとつである．総合保養地域整備法（リゾート法）による地域開発の試みは，その一例であった．ところが余暇活動を実現させる時間，経済的裏づけ，リゾート空間の充実・余暇意識の向上という条件は不均衡なままであった．ライフスタイルにうつしだされた余暇生活は，西欧型のリゾートにはるかに遠いものであった．リゾート活性化は，せいぜい伝統的余暇のすごし方のひとつである「温泉ブーム」どまりであった．それを打開するために観光をキーワードとし，「農山漁村滞在型余暇活動推進法」にもとづいてグリーンツーリズムすなわち日本型観光農業（漁業，林業も含む）を試みたのであった．しかし依然として1980年代の都市から人口が還流すると予想された「地方の時代」は停滞しており，かつ農山漁村の高齢化は進行している．さらに新過疎問題が，地域の将来に深刻な問題をなげかけている．こうして農村は変容し，「都市化社会」へ移行したといわれるようになるのである．ちなみに産業別就業者の割合を1960年と1988年で比較すると次のようである．第一次産業は30.2%から5.3%へ，第二次産業は28.0%から31.5%へ，そして第三次産業は41.8%から63.2%へという数字になってあらわれている．就業構造は，圧倒的に雇用労働者でしめられている．しかし都市化社会とはいえ，中央－地方の格差は容易に解決されるはずはない．

（2）核家族化と介護

　家郷の解体は，農村の過疎化によって老親の，都市の過密化によって若年層の，それぞれの核家族化をうながした．とりわけ「都市サラリーマンの洋風化」に象徴される私生活主義は，家庭を生きがいにする志向をもっている．しかし望ましい生活は生活防衛の拠点としての家族という生活原理にもとづくというより，「明るい家庭」という私生活の欲望を肯定するマイホーム主義に収れんするのであった．パークによれば都市的生活様式とは非人格性，非親密性，形式性など二次的関係が，一次的関係にまさることである．私生活主義は，所属

する企業との関係において物質的かつ心理的安定を得ることで，地縁や血縁から自由になった．これによって家族はますます公共領域と分離し，それにつれて家族機能を外部化させていった．しかし内向する家族は家族内に生ずる葛藤の処理能力を低下させていった．それゆえ離婚や非行の増加，とりわけ老親の扶養の限界など，家族解体を選択肢にもたなければならない状態におかれるようになった．

1994年には，共働き世帯が片働き世帯をこえた．このような核家族に高齢者の扶養や介護について，限度をこえた負担を望むことはできないであろう．ちなみに介護をふくめた老後を，子にたくす親は減少している．子のほうからは，介護制度の不備のゆえに親の介護をしているという現状がみえてくる．したがって要介護者への家族の虐待が増えているという事実は，その深刻さを物語っている．

家族の規模にかんしていえば，1960年に4.5人であった一世帯当たりの世帯員数は2.27人（1989年）に減少した．そして2000年の時点で単独世帯は12,341世帯であり，高齢化とともに急増していくであろう．65歳以上の世帯主の世帯数は10,956世帯（2000年）であり，これが単独世帯の伸びを底上げしているのである．

(3) コミュニティ再考

とはいえ，経済成長期に核家族とともに誕生した私生活主義は，家族機能の外部化によってなりたっている．このことは地縁関係の稀薄さと，それにともなう家族の孤立に結びつきやすく，他の家族形態に比べて家族解体への距離も近い．しかし経済成長による大量生産と大量消費，それにともなう環境の悪化は，「生活の量」の側面として整理できよう．それと同時に余暇と生きがいの追求，生活関連資本の充実，環境の質などの「生活の質」の側面は，つねに「生活の量」と対比させられてきた．両者はまた，都市的生活様式をなりたたせている二つの側面でもある．したがって「生活の質」は，そのまま福祉の達

成された状態を意味する．私生活主義が生活文化という新たな生活様式の構築をめざすものであれば，地縁および血縁という共同体内的相互扶助では説明できない，べつの考えが必要となる．1969年に国民生活審議会が定着のきっかけをつくったコミュニティという用語で，それを次のように説明できよう（中村八朗　1971）．

(a) 一定範囲の場所．この範囲もひとつの都市，町，村など一部の範囲を指すことが多いとしても，都市についてはそれが大都市であれば，その内部の一部の範囲であることがあり，また逆にその大都市の勢力圏内に入る周辺都市と農村地域のすべてを含む範囲を指す場合もある．国々の集まり（european economic community）や世界の全域（world community）を含むこともある．

(b) 一定範囲の場所に住む人々の集まり．時には集まっているのが人々ではなく動植物の場合もある．

(c) 何らかの共通の事物，共通のつながり，あるいは相互関連性ををもつものの集まり．共通の事物，共通のつながりとは，職場，信条，居住がおなじであるということを指す．

(d) 共通の事物や共通のつながり自体を指す．事物は共有財産とか村落における共有地のように可視的なものであることもあれば，価値体系，信仰，理念とか，あるいは慣習や規範とか共同の行動であったりする．

(e) 共通の事物やつながり，あるいは相互関係をもつものが人間ではない場合．動植物のや国々の集まりは（b）の一部となる．

(f) これらの項目は，すべて経験的事実を指すものであるが，このほかに諸個人の間に期待される望ましい相互関係や一体感を意味することも多い．

以上のようにコミュニティは，「一定範囲の場所」をもちつつも，行政区分のように境界は確定していない．日常生活がおこなわれる社会関係の範囲によって定義が異なるからである．しかし，そこで生活する個人は，シュッツのい

う自然的態度にもとづいて行動している．つまり世界は私的世界ではなく，われわれすべてに共通な，われわれが理論的関心ではなくすぐれて実際的な関心をもつ間主観的な世界なのである．他の人々と共に追求している目的があれば，それを実現するためにはこの世界をかえねばならないのである．このような観点にたてば，コミュニティのなかで生活するということは，コミュニティのなかで活動しているだけでなく，コミュニティに対しても活動しているのである．これを地域福祉のエッセンスにおきかえると，「参加」と「共同性」ということになろう．たとえば先にのべた（f）が，その到達点であるかぎり，コミュニティは地縁や血縁のように閉鎖的ではなく，開かれた運動体としての意味をもつのである．都市社会の特色のひとつである移動性は，はりめぐらされた交通網や情報網をぬって生活し，それらを利用する人々の異質性を高めていく．それによって形成される新しいタイプの人々が，新しい社会関係をつくっていくことになる．それでは，人々の日常生活の基盤となるコミュニティの再生はどのような方法で可能となるのであろうか．

(4) 社会福祉から地域福祉へ

　高度経済成長期には，地域社会の解体や崩壊が執拗にさけばれた．また公害問題という環境問題は，成長期の「負」を刻印するものとなった．その一方で，経済成長や好況が高い雇用水準を維持し，それによって社会福祉の基盤をととのえたこともみのがせない．戦後にはじまる「児童福祉法」（1947年），「生活保護法」（1950年），「身体障害者福祉」（同年）の三法制定に続いて，後に「知的障害者福祉法」（1999年）と改称されている「精神薄弱者法」（1960年），「老人福祉法」（1963年），「母子福祉法」（1964年）の三法が制定され，福祉六法の整備をみた．それととともに，「最低賃金法」（1959年）が，また国民すべてに公的医療保険と年金保険の給付が保障される国民皆保険・皆年金体制（1961年）が実施されたのも，この時期である．「生産の増加は再分配の代替物であり，それは不平等に伴う緊張をほぐす解決策」（ガルブレイス）であった．こうして

法的には国民全体に共通する権利が保障されることになった．これらの福祉政策は，社会保障を法的に整備することによって，国民全体の問題を均質的に解決することをめざしている点で画期的であった．

　さて，1965年〜1971年まで続く戦後最長の繁栄をほこった時期が過ぎた．人がそれぞれ個人的な利益を追求していくことによって，すべての人に最適な状態をもたらすことができるのは，無限に成長していくための無限の資源にめぐまれなければならない．それによってこそある個人の利益が，他の個人の不利益になりつづけることのない社会を実現させることができるのだ．しかしながら経済成長の終わりのころ，石油をはじめとする地球の地下資源の有限性が推測ではあるが指摘された．この時期は福祉国家への方向の転換期でもあった．またわが国の経済が国際化の波にのる時期とも一致する．しかし1973年に「老人医療費の無料化」が実施されたものの，第四次中東戦争によって石油価格は上昇し，「狂乱物価」という時事用語にまでになるような物価の高騰は，1980年代もスタグフレーションとして続いた．1970年に「大きな政府」のもとでスタートした「福祉元年」は，それから10年あまりで「小さな政府」への転換をもとめられるようになった．小さな政府は，膨大な政府の役割や財政を改革（行財政改革）することによってうちたてられるのであり，福祉国家政策の縮小化もその対象のひとつとなった．小さな政府は，政府機関を民営化して経済の活力をとりもどすという名目のもとで規制緩和（効率化）をおこなった．1975年に提唱された，いわゆる「日本型社会福祉論」は，在宅福祉サービスなど地域福祉を充実させ，のちにそれは自助努力と民活導入へと続いていくのである．それはとりわけ高齢者の福祉対策に，「福祉見直し」をせまることでもあった．さらに1980年代前半に女性の平均寿命が80歳をこえ，高齢社会が到来した．ＧＤＰにしめる老人医療費の割合の増加が予想され，1983年には有料化が復活したことはその例である．老人医療費の有料化は，金銭給付によって充足をはかってきた貨幣的ニーズの限界とみることができる．

　ところで国が小さな政府をめざせば，社会福祉は地域の分権化を推進させる

ことになる．それによって地方自治体の貨幣的ニーズ（財政）および非貨幣的ニーズ（サービス）の負担は増大する．介護の措置ひとつとってみても，「その65歳以上の者が居住地を有するときはその居住地の市町村が，居住を有しないか，又はその居住地の明らかでないときは，その現在地の市町村が行う」（老人福祉法第5条の4）など，市町村へ介護の権限を委譲しようとしていることはあきらかである．さらに1989年に制定された「高齢者保健福祉推進法十カ年戦略（ゴールドプラン）」と「高齢者保健福祉推進十カ年戦略の見直しについて（新ゴールドプラン）」では，地域の供給施策への依存がより明確に打ち出される．ちなみに新ゴールドプランは，次の四つの基本理念をかかげる．

(a) 利用者本位・自立支援
　　個々人の意思を尊重した利用者本位の質の高いサービスの提供を通じ，高齢者の自立を支援する．
(b) 普遍主義
　　支援を必要とする高齢者に対して，必要なサービスを提供する．
(c) 総合的サービスの提供
　　在宅ケアを基本に，保健・医療・福祉を通じ高齢者の多様なニーズに的確に応えることのできる効率的・総合的サービスを提供する．
(d) 地域主義
　　市町村を基本に，住民に最も身近な地域において必要なサービスをきめ細かく提供できる体制づくりをおこなう．

　これらの理念は，いわば非貨幣的ニーズに属するものであり，社会的ニーズ（需要）を充足させる社会的サービスおよび社会的資源（供給）のシステムとしてとらえられる．しかしサービスは貨幣のように数量化あるいは標準化できない性質のものである．したがって充足の方法や内容は，需要する側にとって異なる．このことは，対人福祉サービスによる方法や内容の体系の整備にはかなりの困難がともなうことが予想されるということである．またサービスはその場においてなされるからこそ意味をもつので，ニーズの発生する場所でサー

ビスを受けることが望ましい．そうなれば，在宅ケアがそれに最もふさわしい場となる．

(5) ニーズかサービスか

さてここで，地域福祉に対する主体論的アプローチ（市民や住民のニーズのサイドを重視）と資源論的アプローチ（保健福祉のサービスの供給サイドを重視）を比較してみよう．

主体論的アプローチは，コミュニティを市民連帯型と認識し，第一に地域住民の意図や目的を福祉サービスに反映させるために，できるだけ住民を計画の決定，実施に参加させるというものである．第二には，タテ割り行政の弊害をとりのぞくために，それによって対象参加者自らが，社会福祉の計画と運営に参加しなければならない．対象者の生活全体が，専門分化した行政を総合調整するであろう．第三には住民参加によって，政治的無関心を排すことになり，社会的・政治的訓練の機能をはたすというものである．

資源論的アプローチは，在宅福祉を根拠としている．在宅福祉とは福祉サービスが必要な高齢者や障害者を対象として，住み慣れた居宅や地域で生活を継続するサービスを提供することである．この居宅処遇の原則は，これまでの生活環境を継続することによって，地域社会の資源を活用でき，多様なサービスも受けられるとする．核家族化，消費水準の向上，共働きなどによって地域社会は変貌し，施設への入所希望を満たせない状況もさることながら，高齢者は「住み慣れた場所」をはなれたがらないのである．供給サイドは，サービスや資源につきものの地域的制約や地域の特性に注目して，供給システムを構成しようとするのである．

2. 地域福祉をささえる思想

(1) コミュニティ・ケア

地域内の社会関係が稀薄になっているとはいえ，地域社会なしでは個人ない

し家族の存立関係はかんがえられない．家族機能の外部化が，家族をますます非完結な集団にしている．家族が地域社会に依存しなければならない理由がそこにある．また都市化が浸透した社会では，老人や障害者は特別の施設に分離されたり隔離されたりする施策を受け入れざるをえない．しかし障害者も老人も「その人として認める」という発想にたてば，地域社会での生活ができるようになる．こうした考えを，インテグレーションという．

そのためには住宅や交通，施設などの環境面を改良し，固有の障害をもつ人々というスティグマから解放し，地域社会のなかでふつうに生活できるようにする必要がある．これをノーマライゼーションという．

イギリスの「シーボーム報告」(1968) にはじまるこの地域福祉の理念は，1971年の中央社会福祉審議会答申で次のように結実した．「社会福祉の対象を収容施設において保護するだけでなく，地域社会すなわち居宅において保護を行い，その対象者の能力の一層の維持発展をはかろうとするもの」であり，その内容はコミュニティ・ケアといわれる．

(2) 互酬性

コミュニティ・ケアは，コミュニティのなかで障害をもつ人の自立を支援する．なぜならやがて自分もその立場におかれるからである．これは贈答交換を成り立たせている「返礼の原則」，すなわち互酬性としてみることができる．ニーズとサービスの基本は需要と供給の関係とみる経済的交換である．しかし対人福祉サービスにおいては，要介護者との介護者相互の地位と役割は固定的，画一的ではありえない．ニーズがみたされるということは，コミュニケーションを重ねることで人格的関係すなわち好意や信頼関係が築かれるということである．こうしたパートナーシップの持続こそ，社会的交換の中心をなしている．

社会的交換をわが国の例にそってのべるとき，柳田国男の共食モデルを引くことが適当である．それによれば，「(相手からモノを) モラフ (貰う) はとにかく全部が卑劣下賤の行為でもなかった．時としては，相手の精神上の欠陥を

補充し，もしくはこちらの好意を表示する場合もあったので，いわゆる嗟来の食（人を卑しんで，来て食べろと与える飲食物の意）とは，日を同じゅうして語ることができなかったのである．あるいはモアイという語は，少なくとも起こりはひとつであろうと思う．即ち多くの身の内に，食物によって不可分の連鎖を作るということが，人間の社交の最も原始的な方式であったとともに，人はこれによって互いに心丈夫になり，孤立の生活においては免れ難い不安を，容易に解きうるという自信を得たのである」食べ物をもらうことは，連帯というもうひとつの交換をつくりだすのである．

　その社会的交換には二つの立場がある．グールドナー（Gouldner, Alvin Ward）によると，交換は相補性ではなく，互酬性にあるという．互酬性とは当事者が権利と義務をもつという関係である．彼は，互酬性には受けた恩恵にたいする返済としての道徳的義務を規定する「互酬性の規範」があることを主張した．それは，どのような社会においても，人々は自分を助けてくれた人々を当然助けるべきであり，人々は自分を助けてくれた人びとに損害を与えるようなことをすべきではない，という論理によって支えられている．こうした論理は，介護者と要介護者が互いにどんな人か知らない場合，親密性を築きあげていくときの規制としてはたらく可能性がある．ただし贈与された側は義務を背負い込み，恩義を返すまでの時間がある．この時間は与えるほうからすれば過去の恩義となり，与えられる側では現在と未来に必要な恩義となる．したがって恩義を返せないままになってしまう場合もあることを考慮しなければならない．高齢者や身体に障害をもつ人にとっては一方的贈与となることもある．

　いまひとつ，サーリンズ（Shalins, Marshall）は，再配分の視点から互酬性を展開し，互酬性の距離を社会的距離とみなした．彼によれば互酬性は，①一般的互酬性：親密性の度合いの深い関係では，返礼がすぐにおこなわれなくてもよいというような場合がある．利他的な交換といえよう．②均衡的互酬性：親密性が浅い場合には，与えられたものには，規定された期間のなかで返済される．③否定的互酬性：自らはまったく与えないで，相手からは最大限

に奪おうとする利己的な交換である．これら二つの交換論によれば，見返りを期待しない，また期待できない交換があることがわかる．

経済的交換は貨幣の客観性にもとづいて売る，買う，支払うという非人格的関係によって成立する．これに対して社会的交換ないし贈与交換は，たとえば食べ物というモノの交換と不安からの解放という情緒的な交換の二つの系からなっている．年中行事の贈答行為において，やりとりされるものの非対称／対称という性格をもちながらおこなわれるお年玉やお中元，お歳暮，また母の日や誕生日，バレンタインデーのプレゼントなどの贈答行為は，社会的正義や社会的公平という概念を生みだす重要な基盤をなしている．いずれにしても経済的交換においては交換の単位として等しい量が重要である．これに対して贈答関係では義務が生じるので，質の交換となる．コミュニティ・ケアには，こうした互酬的な発想が要求される．それでは，互酬的な発想が，地域福祉のどのような面で有効か見ていこう．

(3) ボランティアとネットワーク

ボランティア活動の推移　地域福祉は，参加する福祉ともいわれる．地域住民はサービスの供給をうけるだけでなく，供給する人にもなる．阪神・淡路大震災は，このエッセンスを支えるボランティア活動を広く社会的に認知させるきっかけをつくった．

ボランティアについて，ここ30年ばかりの時間を主だったものだけに限ってたどってみよう．1970年代の経済成長の結果としての公害問題に対する市民の支援活動，都市化による人々の心の孤立を浮き彫りにした『いのちの電話』の開設などにその出発点をもとめることができよう．それとともに地域のボランティアの推進が，民間の努力によって静岡，山梨，岡山，高松などの各地でボランティア協会として発足させた．全国228市町村の社会福祉協議会では『奉仕活動センター』を設置した．そして全国社会福祉協議会では1975年に，現在の全国ボランティア振興センターを開設した．

国際障害者年（1981年）と前後して，障害者が自立を支援するセンターの活動が盛んになっていく．これと高齢化社会の問題は，当事者意識を深めるとともに，ボランティアへの関心を高めていった．学校教育でのボランティアへの取り組みもこの時期に始まっている（1985年）．ボランティアは，多様化とネットワークの時代にはいっていくのである．また1986年におきたチェルノブイリ原発事故は，エコロジーや有機無農薬といった時事用語を一般に普及させ，自分たちの生活を見直す機会となった．国際協力活動も多様化し，翌年には『NGO活動推進センター』が設立された．

　1990年代には，バブル崩壊による景気低迷のなかで，フィランソロピーによるボランティア活動がたかまり，ボランティア休暇あるいはボランティア休職制度を積極的に制度化する企業も出はじめた．文部省や厚生省など行政主導のボランティアが急速に推進された．文部省の「ボランティア評価問題」も，この過程で生じたものである．こうした動きに対して，市民サイドから，後述するNPOへの関心がつよまり，1998年に特定非営利活動促進法として，法制化された．

　ボランタリズムとボランティア　ボランティアは，自主性・自発性，無償性（非営利性），公共性（公益性），先駆性（社会開発性）という理念によって，サービスの利用者におこなわれる福祉サービスである，と定義されている．しかしボランティアには，志願者，有志者ないし義勇兵という意味がある．もちろん社会福祉とりわけ地域福祉で用いられるボランティアという用法もある．

　アメリカで盛んとなっているボランティアの定義は，「他人に対してサービス，技術，経験を提供できる人で，通常は無報酬，時に心づけといった程度の少額の謝礼を受け取ることもある」と，ゆるやかである．このゆるやかな定義の背後には，「ボランティアやボランティア計画の推進あるいは組織化に責任をもつ有給あるいは無給の職員」としてボランティア・コーディネーターの存在がある．ボランティアが有償であるばあい，住民参加型有償在宅福祉サービスとして区別している．

ボランティアは，ほんらいボランタリズムということばを土台にしている．ボランタリズムということばは，個人はそれぞれの行動の代行者であり，自分のおこないを支配するとみなされる者である，という意味をもつ．すなわち個人の感覚や理性よりも意志を重んじるのである．しかし意志を重視することは，興味をかきたてる反面，結果を見通すことができないという側面もある．ボランタリズムには，個人ができる範囲内でそれぞれにできることを決定するという認識がなければならない．ともあれさきの定義によれば，ボランティアは一方的な贈与として意味をもつ．さらにボランティア活動をとおして，新しい人間関係ができたり，社会をより広くとらえることができたり，思いやりの気持ちが深まったりすると，経験者は回答している．そこからすればボランティアは，オルターナティブとしてのライフスタイルをつくりだす可能性をもっている．ボランティア活動の情報源として，知り合いや友人，市区町村の広報紙，地域団体やサークルなどが，学校や職場よりも上位であることが，それをうらづけている．

　ネットワーク　個人が情報を集めてボランティア活動に参加し，社会関係をつくっていく．それが個人からみれば，社会的ネットワークの形成となるのである．ネットワークはソシオメトリーによって表現される．選択者と被選択者を行と列で示し，選択関係を数量的に示すいわゆるソシオマトリックスや，これをもとに個人の選択と排斥の関係を，点や線で結びつけ図式化することで社会関係の布置や構造をあらわすソシオグラムなどがある．

　システマティックなネットワークはネットワーク内のすべての参加者で構成され，ネットワークの構造そのものに集中する．ではあるが，新しい仕事を得ようとするときなどには，ゆるやかな結びつきが重要である．そこでは新しい情報が閉じられた環のなかだけではなく，ちがった情報源に通路をもつことでも得られるからである．

　ボランティアの場合は，ネットワークの結合方法をボランティア・コーディネーターが教える．ボランティアの配置，クライエントとの相互理解，活動内

容の明確化とコミュニケーションのとり方，活動拠点の確保などを支援することで，現場に送り出し，専任のスタッフとの緊張関係を維持できるのである．日本ではこうしたボランティア・コーディネーターに相当する機関は，それほど発達していない．アメリカでボランティア活動がさかんな理由は，公的な医療保険制度が実現せず，現在でも医療サービスは高価なものとなっているからであるといわれる．国民皆保健には膨大な費用がかかり，しかも効率の面からみると無駄で，医療水準を低下させるという主張によるものである．したがって医療サービスは市場供給に適切ではないので，それを行政に替わってボランティア団体や非営利組織（ＮＰＯ= nonprofit organization）がになうという発想がある．社会移動の激しいアメリカでは，業績本位で，しかも長期雇用や年功序列性という保証はない．したがってボランティアは循環性をもち，さまざまな状況への多様性に対応し，そのつど動いてつながりをつけるという関係性に配慮しておかなければならない．ボランティアが生涯にわたる仕事であるという認識は，そのような背景のもとにある．

　日本において，ボランティアの社会的評価はそれほど高くない．その活動に対する評価は，まだ余技として，シャドウワークの範囲のなかにある．しかし，ソフト経済の拡大によって，情報通信分野はめざましい発展をみせている．経済はコンサルティング，営業，連絡，調査，サービスなどに向かっている．これらの活動は，「相談にのる，手筈を整える，面倒をみる，励ます，世話をする，立ちあげる，育成すること」（今井・金子）に特色がある．これらの活動は，生活問題や課題を個人で解決するには限界があることを学習し，それを社会問題として協働で解決を図ろうとする生活の共同化の理念と結びついているのである．したがってネットワークの発達は，シャドウワークと類似した仕事をふやしていくであろう．

　ＮＰＯ　コンシューマリズムの発達しているアメリカでは，情緒的・態度的サービスなど対人部門でのサービスが徹底している．医療や福祉の分野では，ボランティアはコミュニティの利用者を代表ないし代弁する．またサービスが

利用者の充足度を高める施設や病院にとって,ボランティアは宣伝効果をもつメディアとなる.1980年代では,社会サービス,福祉サービスの合理化を進める過程で,NPOへの支援が活発化した.

　日本でも1988年に特定非営利活動促進法が制定された.この法律の制定目的は,「特定非営利活動を行う団体に法人格を付与すること等により,ボランティア活動をはじめとする市民がおこなう自由な社会貢献活動としての特定非営利活動の健全な発展を促進し,もって公益の増進に寄与すること」(第1条)にある.NPOは,その名のとおり法人格を付与されている.といっても,企業のように利潤の極大化に最大の目標をおくのではない.民間の組織であるからには収益を無視しては成り立たないので,現行では自主事業,受託事業,助成金,会費などにたよって運営されている.ただし行政からの補助については,自発性と自己決定能力を損なわないことが条件となろう.団体はボランティア組織,宗教団体,生協や農協などの協同組合,学校や病院までもふくまれる.これらの団体が,保健・医療そして福祉の増進をはかること,文化・芸術またはスポーツの振興をはかること,まちづくりや環境保全の活動,災害活動や地域安全活動平和活動の推進や国際活動,男女共同参画社会の形成,子どもの健全育成など,多様な分野で参加型の活動主体として活動することになる.

　この法律が「三年以内に検討を加え,その結果に基づいて必要な措置が講ぜられる」とあるように,非営利組織は運動体としての比重を高さを期待されると同時に,組織維持のための絶えざる自己検証も課題となろう.介護保険の導入によって,自治体がNPOをどのように評価するか,経過が注目される.

　民生委員・児童委員制度　NPOへの期待が高まる一方であるが,地域福祉に貢献してきた民生委員制度もボランティア活動のひとつであることに留意されてよい.民生委員は1946年に民生委員法として制定され,翌年に児童福祉の制定にともない,児童委員も兼ねることになった.民生委員の任務は,社会奉仕の精神をもって生活困窮者や高齢者を保護ないし指導することで,社会福祉の推進に努力することとなっている.委員は任期三年で,名誉職である.「社

会事業法等一部改正法案大綱」では，名誉職を無給の方向でみなおし，住民の立場に立った職務活動がより明確にうちだされている．委員の高齢化や任務のマンネリ化が指摘されているが，女性の委員がおおいこともあって地域福祉を推進する機関として，ボランティアとの連携も期待されている．

　地域福祉に対する主体論的アプローチと資源論的アプローチが協同することによって，地域福祉の概念を次のように規定する．

　「地域福祉とは，福祉社会サービスを必要とする個人，家族の自立を地域社会の場において図ることを目的とし，それを可能とする地域社会の統合および生活基盤形成に必要な生活・居住条件整備のための環境改善サービスの開発と，対人福祉サービス体系の創設，改善，動員，運用およびこれら実現のためにすすめる組織化活動の総体をいう」（永田幹夫）

　対人福祉サービスをめざす地域福祉は，この定義のように（a）在宅福祉サービス，（b）環境改善サービス，（c）組織活動の三点に集約される．図表8－1はそれを体系化したものである．

3. 地域福祉をささえる方法

(1) 在宅福祉サービス

　高齢者は前期高齢者（65歳〜74歳）と後期高齢者（75歳以上）に大別される．とりわけ後期高齢者では，寝たきりや痴呆性の発生率が高くなる．つまり老齢期の要介護は増大することになる．それを家族の私的扶養のみで支えるのは，現状では不可能にちかく，家族のほか地域あるいは公的部門や民間部門など外部でそれを代替せざるをえない．その意味で在宅福祉サービスは，家族の私的扶養の機能を代替するものである．

　訪問介護事業（ホームヘルプサービス）

　在宅サービスは1923年に発生した関東大震災で，病院の看護婦による被災者への巡回訪問看護サービスにはじまるといわれる．現在，訪問看護員（ホームヘルパー）がおこなっている在宅ケアサービスは，入浴の介助や身

図表8－1　地域福祉の内容

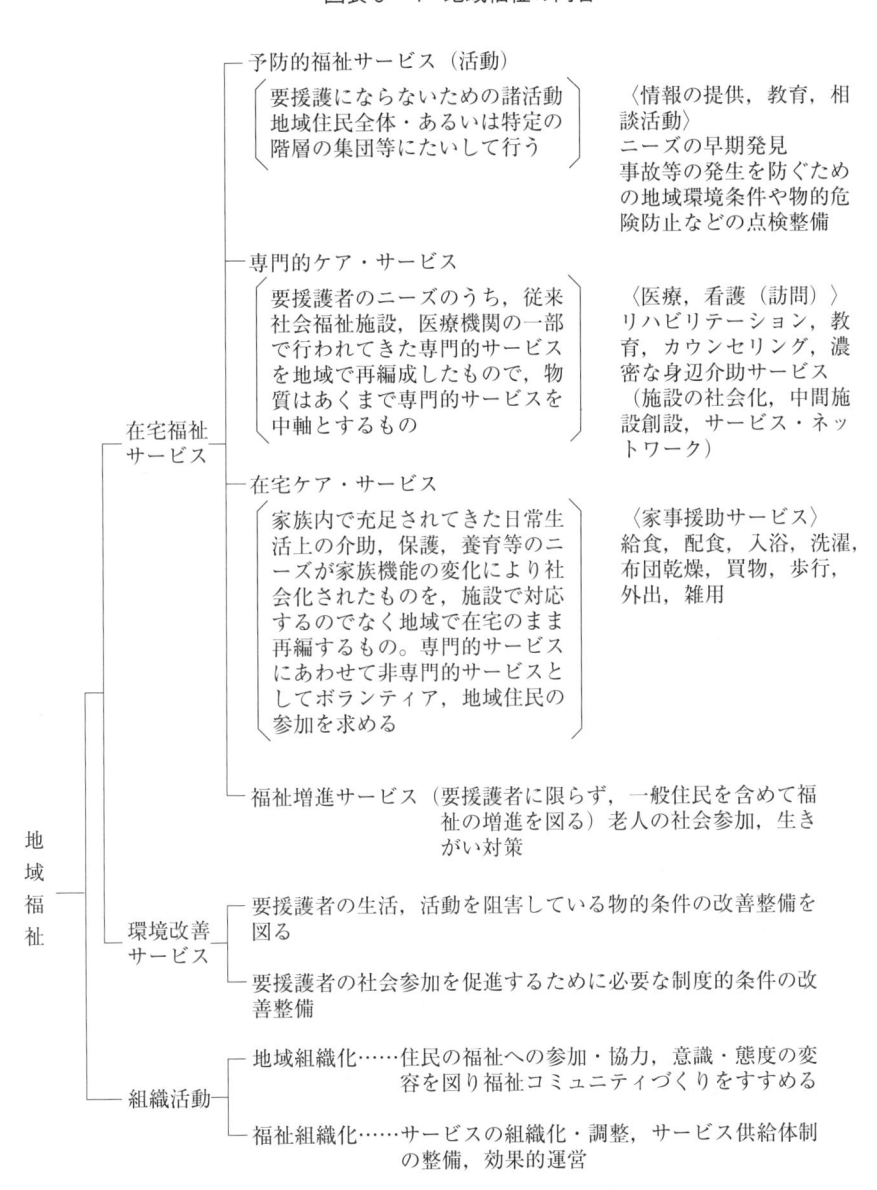

```
                  ┌─ 予防的福祉サービス（活動）
                  │   ｛要援護にならないための諸活動     ｝    〈情報の提供，教育，相
                  │    地域住民全体・あるいは特定の          談活動〉
                  │    階層の集団等にたいして行う            ニーズの早期発見
                  │                                          事故等の発生を防ぐため
                  │                                          の地域環境条件や物的危
                  │                                          険防止などの点検整備
                  │
                  ├─ 専門的ケア・サービス
                  │   ｛要援護者のニーズのうち，従来  ｝    〈医療，看護（訪問）〉
                  │    社会福祉施設，医療機関の一部          リハビリテーション，教
     在宅福祉      │    で行われてきた専門的サービス          育，カウンセリング，濃
     サービス      │    を地域で再編成したもので，物          密な身辺介助サービス
                  │    質はあくまで専門的サービスを          （施設の社会化，中間施
                  │    中軸とするもの                        設創設，サービス・ネッ
                  │                                          トワーク）
                  │
                  ├─ 在宅ケア・サービス
                  │   ｛家族内で充足されてきた日常生  ｝    〈家事援助サービス〉
                  │    活上の介助，保護，養育等のニ          給食，配食，入浴，洗濯，
                  │    ーズが家族機能の変化により社          布団乾燥，買物，歩行，
地                │    会化されたものを，施設で対応          外出，雑用
域                │    するのではなく地域で在宅のまま
福                │    再編するもの。専門的サービス
祉                │    にあわせて非専門的サービスと
                  │    してボランティア，地域住民の
                  │    参加を求める
                  │
                  └─ 福祉増進サービス（要援護者に限らず，一般住民を含めて福
                                        祉の増進を図る）老人の社会参加，生き
                                        がい対策

     環境改善      ┌─ 要援護者の生活，活動を阻害している物的条件の改善整備を
     サービス      │   図る
                  └─ 要援護者の社会参加を促進するために必要な制度的条件の改
                      善整備

                  ┌─ 地域組織化……住民の福祉への参加・協力，意識・態度の変
     組織活動     │                   容を図り福祉コミュニティづくりをすすめる
                  └─ 福祉組織化……サービスの組織化・調整，サービス供給体制
                                     の整備，効果的運営
```

出所）　永田幹夫　『地域福祉論』全国社会福祉協議会　1988　p.46より

体の清拭，洗髪などの介護サービスと，調理や衣類の洗濯および補修，住居の掃除などの家事援助サービスである．それとともに要介護者にたいする専門的ケアも継続している．これは専門的機関施設の専門家によって医療・看護・リハビリテーション・カウンセリングなどのサービスをおこなうものである．

また相談，助言，その他日常生活の支援をとおして，ニーズを早期に発見するものである．サービスの負担基準は，前年の所得課税世帯の有無に応じてA～Gの七段階に区分されている．1992年からは，24時間対応ヘルパーが創設された．それとともにホームヘルパーについても，社会福祉士および介護福祉士の養成カリキュラムが見直された．国は1996年から全国的に統一的水準をはかることによって，専門性の高い介護能力をもった訪問介護員の養成に着手した．

短期入所生活介護（ショートステイ）

居宅している要介護者を介護している家族が，病気や出産のときなどに，要介護者を一時的に特別養護老人ホームなどに保護し，介護者の負担を軽減する制度である．1985年からは虚弱高齢者まで対象をひろげ，家族が介護の疲れや旅行などリフレッシュ休暇として利用できる制度になった．この制度は，一見要介護老人を排するようにうけとられるが，介護者のストレス解消は，介護者自身ないしは家族の健康を気づかうことがあって，はじめて介護も可能になるという考え方である．なぜなら核家族においては高齢の介護者が，高齢の要介護者を介護することを想定してみなければならないからだ．入所は原則として7日以内であるが，必要に応じて延長もできる．1994年からは計画的利用をおこなう場合に限り3ヶ月を最長期間とすることができるようになった．

日帰り介護（デイサービス）

デイケアとほぼ同義である．施設入所と在宅介護の中間的な制度で，65歳未満の要援護老人を対象として，週1～2回程度老人ホームなどに設置され

た　日帰り介護施設に通所させる．そこにおいて入浴サービス，食事サービス，日常生活動作訓練，生活指導，家族介護者教室等の総合的なサービスをおこなうもので，日帰りリハビリテーションともいう．1986年から通所サービスと訪問サービスを統合して在宅老人デイサービスとし，①基本事業（生活指導・日常動作訓練・養護・家族介護者教室・健康チェック，送迎），②通所事業（入浴サービス・給食サービス），③訪問事業（入浴サービス・給食サービス・洗濯サービス）の三つに分割した．ショートステイ同様，民間業者等への市町村の委託が認められている．

　1989年から，地域の制約条件に対応した日帰り介護をおこなうため，対象者の身体状況を考慮して，上記の①〜③を必ずおこなうA型（重介護型），①と②を必須として③を選択とするB型（現行型），C型（軽介護型）①から送迎を必須とし，それ以外の3項目を選択する．また②および③のサービスから二つ以上を選択するものである．1992年からは，利用規模が　従来の1/2程度のD型（小規模型），そしてE型（痴呆性老人向け毎日通所型）が実施されることになった．

　以上の三つを在宅福祉三本柱という．いまも人口の高齢化が加速化し，合計特殊出生率も1990年の「1.57ショック」から，1.38人（'98）へと低下の一途をたどっている．今後社会保障や産業構造も変化をせまられるであろう．要介護の高齢者を抱える家族の経済的負担は増大するものとみられる．新ゴールドプランによれば，平成11年度までに，ホームヘルパー170,000人，ショートステイ60,000人分，デイサービス17,000ヶ所，在宅介護支援センター10,000ヶ所，老人訪問看護事業所5,000ヶ所の数字をあげている．これまで民間の社会福祉施設等が事業内容の条件をみたしていれば，市町村は運営をそれに委託することができた．しかし老人福祉にかんしては，すでに多様化する高齢者の需要に対して，最適なサービスを提供するよう改善された．つまり利用者にサービスを選択させるというものである．

　「社会福祉事業法等一部改正法案大綱」（以下「大綱」と略）によれば，これ

まで市町村がサービスの内容を一方的に決める措置制度を廃止した．かわって事業所による福祉サービスの提供を，利用者が選択できるようになった．これにより事業所の供給性が強調されるとともに，NPOやボランティア組織が社会福祉法人格を取得しやすくなった．社会福祉法人は財務表や事業報告書の開示を義務づけられ，サービス利用契約を明確化するとともに，都道府県や事業者による利用者の苦情解決システムを整備することなどがもりこまれている．「大綱」はこれまでよりも，より消費性の強いサービスとなったといえよう．これをきっかけに，多様な事業主体の参入と多様な種類のサービスの供給が予想される．地域福祉は消費者問題ときりはなすことができなくなるであろう．こうした利用者の選択制の採用によって，事業者がニーズに対応した質を維持しつつ，新たな雇用を生みだす産業に成長するか否かは，今後の課題となろう．

(2) 地方分権と福祉コミュニティ

1980年代後半から90年代初頭にかけての好況を，バブル経済ないし平成景気という．その後この景気が低迷するとともに，80年代に三公社の民営化を実現させた規制緩和がふたたび活発化した．市場万能主義の台頭である．規制緩和をはじめ行政改革そして中央から地方への権限の委譲は，時代のキーワードとなっている．1995年には，地方分権推進法が制定された．目的は国民が豊かさとゆとりを実感できる社会を，すぐにでも実現させるためにである．国民の福祉を増進させるために，「国及び地方公共団体が分担すべき役割を明確にし，地方公共団体の自主性及び自立性をたかめ，個性豊かで活力のある地域社会の実現を図らなければならない」（第1条），と地域分権推進法はいう．これをうける地域福祉は，規制緩和のなかで地域の独自性を実現し，それを状況に応じて維持していかなければならない．しかしそのための自治体の財源の確保，人材の育成，新たなサービスの開発，そして少子化など，かかえている問題は多い．それゆえに政府から自治体への権限の委譲だけではなく，自治体から政府への権限の委譲がなければならない．それを実現しなければ，地方分権

は理念のままで終ってしまうだろう．

　本章で述べたことは，地域住民が自ら参加し，ネットワークによる組織化や連携を繰り返しながら，共同で地域問題を解決していこうとするものである．これによって実現されるコミュニティは，福祉コミュニティといわれ，地域福祉の最終的目標となる．この地点は現在のところ理想である．現実は「奇形化した中央－地方の関係，それは近代以降，日本の社会体制が発展の過程で生み出した，ゆがみの地域形態」(高橋・内藤)を課題として意識しつつ，地域独自のあらたな価値を創造していかなければ，中央－地方の格差は縮小しないということである．ともあれ地域福祉は，生活のなかで実践されてはじめてその意味をもつことに留意しなければならない．

【引用文献および参考文献】

青井和夫・高橋徹・庄司興吉編『福祉社会の家族と共同意識』梓出版社　1998
ブルース，M.(秋田成就訳)『福祉国家への歩み』法政大学出版局　1984
福武直監修　見田宗介編『社会学講座12　社会意識論』東京大学出版会　1976
蓮見音彦・安原茂編『地域社会の復権』有斐閣　1982
『月刊福祉』7月号および8月号　全国社会福祉協議会　1999
グールドナー，A.W. "The Norm of Reciprocity" A.S.R. Vol. 25　1960
『法律時報　地方分権・規制緩和と都市法』日本評論社　1997年4月号
一番ヶ瀬康子・尾崎新編『講座生活学7　生活福祉論』光生館　1994
伊藤幹治『贈与交換の人類学』筑摩書房　1995
今井賢一・金子郁容『ネットワーク組織論』岩波書店　1988
金子郁容『ボランティア』岩波新書　1992
木原孝久『サラリーマンのための ボランティア入門』日経連広報部　1993
『厚生の指標　国民福祉の動向』第45巻12号　(財)厚生統計協会　1998
牧里毎治・野口定久・河合克義編『地域福祉』有斐閣　1995
マクレガー，M.・ジェイムズ，S.・ジェランド，J.・ケイター，D.(大阪ボランティア協会監修)『ボランティア・ガイドブック』誠信書房　1994
三重野　卓『生活の質』白桃書房　1990
内藤辰美「中高齢者の近隣・友人関係と生活満足意識」山形県高齢化社会研究所『紀要』第14巻1号　1995
中村八朗『都市コミュニティの社会学』有斐閣　1973

永田幹夫『地域福祉論』全国社会福祉協議会　1988
「都市圏人口の変動」『日本経済新聞』　1999年9月16日
大橋謙策『地域福祉論』放送大学教育振興会　1995
岡田知弘・川瀬光義・鈴木誠・富樫幸一『国際化時代の地域経済学』有斐閣　1997
岡村重夫『地域福祉論』光生館　1974
サーリンズ，M.D.（山内昶訳）『石器時代の経済学』法政大学出版局　1988
シュッツ，A.（森川眞規雄・浜日出夫訳）『現象学的社会学』紀伊国屋書店　1980
シューマッハ，E.F.（小島慶三・酒井訳）『スモールイズ・ビューティフル』　講談社学術文庫　1986
園田恭一『地域福祉とコミュニティ』有信堂　1999
高橋勇悦『家郷喪失の時代』有斐閣　1981
高橋勇悦・内藤辰美編『青年の地域リアリティ感覚』恒星社厚生閣　1990
地域福祉学会編『地域福祉事典』中央法規出版　1997
東京大学社会科学研究所編『現代日本社会　6』東京大学出版会　1992
富田富士雄『コミュニティ・ケアの社会学』有隣堂　1995
トラットナー，W.Ⅰ.（古川孝順訳）『アメリカ社会福祉の歴史』川島書店　1978
ボランティア白書編集委員会編『ボランティア白書　1995』JYVA　1995
柳田国男『食物と心臓』（定本柳田国男全集　14）筑摩書房　1962
吉田久一『日本の社会福祉思想』勁草書房　1994

　この他に『社会福祉小六法　1999』ミネルヴァ書房,「シリーズ・21世紀の社会福祉」編集委員会編『社会福祉基本用語集』ミネルヴァ書房　1999などを参照した．

索 引

あ 行

I　26, 27
愛他主義　90
アイデンティティ　27, 137, 154, 156
　　──クライシス　154
アウトサイダー　53
アソシエーション　36
遊び　28, 139, 149
アドルノ, T.W.　69, 81, 82
アノミー　45, 46, 51
　　──的自殺　47, 48
甘え　36
アマチュアリズム　129
アメリカン・ドリーム　48
アリエス, P.　92, 125
家制度　95
意思決定　36
威信　13
依存効果　71, 72, 73
一人前　150
逸脱　57, 155
　　──行動　49
　　──行動の類型　54
逸脱的下位文化　60
一般化された他者　28
意味　8
イメージ　78, 79
医療化　124, 125
異類婚　94
慇懃無礼　50
印象操作　10, 28
インテグレーション　172
インパーソナル・コミュニケーション　78
インフォーマル　33
ウェーバー, M.　14, 33, 34, 117
ウチとソト　36
裏舞台　29
ヴェブレン, T.　67, 69
　　──効果　68
エコロジー　176
エートス　34, 105
NPO　179
表舞台　29
温情主義　36
音声身振り　114

か 行

階級　13
介護　166
介護保険　179
下位集団　44
階層　78, 98, 151
　　──化　12, 13, 142
回避儀礼　30
下位文化　60, 155
カウンターカルチャー　81
科学的管理法　140
鏡に映った　113
家郷　164
核家族　94, 152
革新　49
拡大家族　95
家計　3, 4, 89
寡占　83
家族解体　137, 167
家族機能　95, 97
家族周期　159
家族制度　97
価値　3, 137
家長　97
家督　95
家父長制　106
貨幣　58, 61, 68, 130, 134
　　──的ニーズ　170
観客　9
完全競争　72
官僚制の病理　50
外集団　55, 61
外罰性　55
学習　18
ガルブレイス, J. K.　82, 83
機械的連帯　45
企業別組合　35
記号　85
　　──体系　131
　　──と交換価値　84
規則　13, 150
規則万能主義　50
基礎的欲求　78
帰属の地位　136
キッチュ　82
機能的要件　34
機能分化　155

規範　13, 44, 47, 91, 122, 124
キャリア　1, 31, 89, 105, 137
　　職業的——　71
教育　48
共同性　169
距離化　61, 62, 98
規律　14
　　——・訓練　118, 132
禁忌　118
近代家族　92
緊張処理　44
禁欲　14, 34
近隣　100
擬似イベント　80, 83
技術革新　37
技能　33
業績　48, 152
　　——志向　132
　　——主義　37, 127
ギルド　64
儀礼　30, 58, 67, 127
　　——主義　49
　　——的行動　30, 36
供犠　67
クーリー, C. H　113
グーテンベルク　75
厨川白村　92
グールドナー, A. W.　174
経済開発　83
経済人　34, 66
経済成長　65
経済のサービス化　164
経済の二重構造　37
形式　27
ケインズ政策　72
結婚　89
権威　36, 47, 85, 91
健康　15, 120, 121, 125, 159
献身的価値　110
権力　13, 117
ゲーム　28, 151
言語　8, 21, 22
コード　85, 114, 115
交換　27
　　——価値　83
広告　14, 72, 78
工場法　141
構造的分化　97
構造的緊張　51
高度経済成長　165
高度大衆消費社会　154

効用　66
　　——関数　64
高齢化　124
　　——社会　176
国際アマチュア連盟　128
国際障害者年　176
国勢調査　74
誇示的消費　67
　　——余暇　68
個人主義　36, 95
個性　5, 6, 99
事無かれ主義　50
コミットメント　35
コミュニケーション　21, 22, 23, 24
コミュニティ　168
　　——・ケア　173
ゴールドプラン　171
合意　151
合計特殊出生率　70, 108
合理化　4, 14, 34, 128
互酬性　173, 174
ゴフマン, E.　9, 12, 28, 29, 30, 137

さ　行

サービス経済　103
サーリンズ, M.　174
差異　26
　　——化　45, 68, 69, 85, 87
最低賃金法　169
サバーバニズム　11
サブカルチャー　81
サムナー, W. G.　55
参加　169
　　——観察法　12
　　——する福祉　175
産業構造の高度化　124, 144, 165
産業分類　31
三人関係　27
在宅ケア　172, 182
在宅福祉　172
シーボーム報告　173
視覚　76
シカゴ学派　27
刺激　21
資源論的アプローチ　172
市場　72
私生活主義　99, 166
自然の態度　169
しつけ　36, 97, 99, 100, 149
社会移動　12, 178
社会階級　71

索 引 189

社会開発 176
社会化 8, 13, 14, 38, 116, 149, 150
——のエージェント 38, 55, 70, 151
社会学的想像力 5
社会過程 22, 114
社会構造 5, 48
社会システム 7
——論 10
社会調査 5
社会的距離 30
社会的行為 24
社会的交換 74
社会的時間 15, 136
社会的自我 18
社会的性格 69
社会的世界 23, 27
社会的地位 12, 47, 58, 98, 137
社会的不平等 12, 101
社会的分業 31
社会的役割 137
社会的連帯 34
社会病理 87
社会福祉 164
社会問題 4
社交性 62, 90, 98
シャドウワーク 142 178
習慣 114, 137
集合意識 57
集合的消費 13
集合表象 15
終身雇用(制) 35, 37, 104
集団主義 36, 37
集団本位的自殺 47
主体論的アプローチ 172
手段の役割 99
シュッツ, A. 17
私有化 99
状況 44
ショートステイ 182
象徴交換 67
象徴的資本 117
象徴的相互作用 8, 10, 27
消費 3, 12
消費行動 71
消費者主権 72
消費文化 71
職位 119
職業集団 71
職業的社会化 33, 34
職業分類 31
職種 31

職務 52, 119
所属集団 85
触覚 76
使用価値 83
新ゴールドプラン 171
身体 13, 15, 17, 26, 113, 114
身体加工 116
身体技法 114
身体障害者福祉法 169
身体操作 22
新中間層 65, 70, 71, 101
信念 46
シンボル 30
心理的距離 61
Jターン 165
ジェンダー 95, 100, 101, 106
——・ステレオタイプ 101
地縁 167
時間 15, 23, 68
自我 29
自己呈示 29, 30
自己本位的自殺 46
自殺 46
——論 46
児童委員 179
児童福祉法 169
充足価値 110
準拠枠 71
自由企業システム(資本主義) 12, 101
自由時間 142
上昇移動 13, 48
情報化 37, 74
女性性 105
ジラール, R.N. 68
ジンメル, G. 5, 6, 27, 60, 93
数量化 130, 131, 133
スケープ・ゴート 57
スタグフレーション 170
スティグマ 44, 58, 59, 173
スポーツ 125, 126
生活 164
生活構造 124
生活史 5, 149
生活時間 35, 144
生活の質 167
生活保護法 169
生産年齢人口 142
政治的無関心 51
生態学 11
政党 13
制度 34, 46, 67, 137

制度的文化　35
制度的手段　49
聖なるもの　47
青年　153
　　──文化　153, 155
性別役割　77, 100, 108, 109
性別分業　98, 101
世界保健機関（ＷＨＯ）　125
責任　85, 92
セクシズム　106
セクショナリズム　33
世間体　69
世俗化　47, 90
世俗内禁欲　34
世帯　89
世代　97
説得コミュニケーション　78
設備投資　4
セネット, R.　98
セミ・レジャー　146
選挙　74
選好　64
宣伝　72
専門化　45
専門的職業　73
総供給量　72
総合保養地域整備法（リゾート法）　166
相対的剥奪　69
疎外　144
ソシオグラム　177
ソシオマトリックス　177
組織　140
　　──人　33
外集団　55, 61
贈与関係　84
贈与交換　175

た　行

体験選択　145
大衆文化　79
態度　24
対面的状況　18
大量生産　72
対話的自我　25
他者　2
達成的地位　85
達成動機　131
タテ社会　36
タテマエとホンネ　36
他人志向型　69, 70
ダーレンドルフ, R.　8

第一次化社会　137
第一次産業　31
第一次的逸脱　53
第五次産業　31
第二次逸脱　53
第二次化社会　137
第二次産業　31
第四次産業　31
ダグラス, M.　56
男女雇用機会均等法　103
男性性　105
地域福祉　164, 169, 180
地位　7, 31, 85, 136
　　──セット　7
　　──のハイアラーキー　85
知識　1, 2, 33, 74
知的障害者福祉法　169
地方分権　184
地方分権推進法　184
中間層　12
貯蓄のパラドックス　4
通過儀礼　36, 136
定位家族　95
提示儀礼　30
定住圏構想　165
テイラー, F.　140
適応　21, 24
テクノストラクチャー　82
テレビジョン　77, 158
デイサービス　183
デュルケム, E.　15, 45, 46, 57
伝統志向型　69
統計学　119, 122
投資　3
逃避主義　49, 50
とが(科)　56
特定非営利活動促進法（NPO法）　176, 179
匿名性　2, 3
都市コミュニティ　11
都市人類学　11
都市的生活様式　11, 153
トマス, W.I.　44
　　──の公理　57
共働き　37
動機　55
動機づけ　33
道具の理性　81, 82
同時代者　3
同調　47, 49
　　──行動　50
道徳　45

同類婚 94
ドラマ 27
ドラマトゥルギー 8, 9, 28

な 行

内集団 55, 61
内発的発展 164
内罰性 55
内部志向的タイプ 70
内面化 18, 28, 155
仲間集団 70, 155
ナルシシズム 86, 116, 154
日本型社会福祉論 170
日本的経営 35, 147
ネットワーク 75, 177
年功序列型賃金 35
年功制 37
年齢集団 36
ノーマライゼーション 173
農山漁業村滞在型余暇活動推進法 166
能力主義 147
ノスタルジア 11, 160

は 行

恥の文化 36
派生的欲求 78, 79
破綻主義 111
発生 10
ハビトゥス 117
反抗 49, 51
犯罪 57
反省的自我 25
反応 21
バルト, R. 86
パーカー, S. 146
パーク, R.E. 166
パースペクティブ 26
パーソナリティ 8, 98
パーソナル・コミュニケーション 158
パーソンズ, T. 95, 120
パートタイム 35
パートナーシップ 111, 173
パノプティコン 119
パフォーマンス 29
非貨幣的ニーズ 170
標識(エンブレム) 21
表出的役割 99
標準的パッケージ 69, 71
ビートルズ世代 154
病気 120
ピアジェ, J. 150

フーコー, M. 14, 119, 131
ファッション 85
フィランソロピー 176
夫婦家族 95
夫婦関係 90, 94
フェミニズム 106
フォード主義 143
フォーマル集団 33, 140
不完全競争 72
複婚家族 95
福祉国家 170
福祉コミュニティ 185
福祉六法 169
複製文化 82
二人関係 27, 93
フレックスタイム 37
ブーアスティン, D.J. 79, 80
物象化 81, 143
ブルーカラー 74
ブルデュー, P. 116
文化産業 80
文化的目標 49
プロテスタンティズム 34
プロテスタント 46
分業 15, 45
分権 75
　　—化 170
平準化 71
偏見 53
ベッカー, H. 12, 53
ベル, D. 73, 74
ベンサム, J. 118
ホームヘルプサービス 182
ホワイトカラー 74
ボードリャール, J. 82, 83, 86
防衛機制 55, 56
母子福祉法 169
母性 14
ボランティア 155, 175, 176
　　—・コーディネーター 176, 177〜178
ポスト工業化社会 73
ポトラッチ 66, 67

ま 行

マーケティング・リサーチ 83
マージナル・マン 153
マートン, R.K. 48, 51, 54
マードック 94
マキャベリ, N. 28
マクルーハン, H.M. 75, 76
マス・メディア 70, 79

まなざし 29, 68, 85
me 26
ミード, G.H. 8, 22, 27, 113
みかけ上の現在 24, 25
三木清 161
ミドゥルタウン 65
身振り会話 114
ミルズ, C.W. 4
民生委員 179
民法 95, 110
メディア 14
面子 29
モース, M. 66
猛烈社員 105
目的合理的行為 117
モデルライバル 68
モラトリアム 38, 153, 155
モラル・キャリア 59

や 行

役割 6, 52, 154
　——演技 9, 99
　——葛藤 8
　——期待 7, 70, 101, 109, 121
　——距離 10
　——緊張 8
　——構成 9
　——取得 8, 25, 26, 35
　——受容 10
　——遂行 9, 152
　——セット 7
　——人間 14
　——モデル 9, 154
やさしさ 154
柳田国男 173
Uターン 165
有意味シンボル 22, 23, 24, 25, 114
有閑階級 67
有機的連帯 45
有効需要 72
有声身ぶり 23
有責主義 111
余暇 100, 127, 144, 146
　——歴 147, 149

予期的社会化（預言の自己成就）52, 80
欲望 14, 18, 47, 72, 79, 83, 86
よそ者 27, 60, 62
欲求不満 55
世論調査 74

ら 行

ライフコース 38, 103, 106
ライフサイクル 12, 13, 14, 36, 53, 60, 71, 101, 137, 139, 144, 145, 155, 156, 157
ライフスタイル 154
ラジオ 65
ラベリング 51, 53
ラベル 44
リースマン, D. 69, 71
離婚 108
利他主義 47
リテラシー 77
リニア・プログラミング(LP) 74
流行 73
稟議制度 36
リントン, R. 7
リンド夫妻 65
類型化 5, 6, 13, 137
例示的動作 22
レジャー 68, 142, 155, 157, 158
恋愛 89, 90
連帯 174
老人福祉法 169
労働 3, 85, 119, 139
　——移動 37
　——基準法 144
　——市場 38
　——者 83
　——時間 14, 35, 143
労務管理 140

わ 行

ワース, L. 11
私化 99, 100
われわれ関係 18
われわれ集団 55

著者略歴

杉座秀親
　1952年生まれ
　1979年　日本大学大学院文学研究科（社会学専攻）博士後期課程修了
　現　在　尚絅学院大学総合人間科学部助教授
　専　攻　生活文化論
　主　著　『現代社会と人生の位相』（弘文堂　1995　共著）
　　　　　『余暇・娯楽基本文献集　解説』（大空社　1990　共著）他

現代の生活と社会学　――消費する身体と時間――

2000年5月10日　第一版第一刷発行

　　　　　　　著　者　杉　座　秀　親
　　　　　　　発行所　株式会社　学　文　社
　　　　　　　代表者　田　中　千　津　子
　　　　　〒153-0064　東京都目黒区下目黒 3-6-1
　　　　　電話 03(3715)1501（代）振替 00130-9-98842

ⓒHidechika SUGIZA 2000 転載不許可（落丁・乱丁の場合は本社でお取替します）・検印省略
　　　　（定価は，カバー，売上げカードに表示）　印刷／アズマ企画

ISBN4-7620-0972-5